これで福祉と就労支援がわかる

結城康博
嘉山隆司　［著］
内藤　晃

書籍工房早山

目次

はじめに ——————————————————————— 7

序 章　福祉と就労(雇用)は車の両輪 ————————— 11

1　雇用安定と福祉の充実 ——————————————— 13
2　給付と負担の世代間格差を考える ————————— 14
3　女性の雇用安定と福祉政策 ———————————— 16
4　人は何歳まで働き続ければ？ ——————————— 17
5　貧困の連鎖対策の意義 —————————————— 18
6　誰も健康でいられるとは限らない ————————— 19

第1章　生活保護制度と就労支援 ——————————— 23

1　生活保護制度とは ————————————————— 25
2　生活保護における就労支援 ———————————— 33

第2章　生活困窮者等への就労支援 ————————— 43

1　新たな「生活困窮者自立支援制度」とは ——————— 45
2　ひとり親家庭への支援 —————————————— 55
3　高齢者への就労支援 ——————————————— 59

4　ホームレスへの生活・就労支援 ——————————— 62

第3章　障害者分野の就労支援 ——————————— 67
　　1　障害者福祉施策における就労支援と専門スタッフの使命 ——— 69
　　2　障害者雇用施策における就労支援と専門スタッフの使命 ——— 84
　　3　就労支援における「連携」の意味 ——————————— 91
　　4　職場で就労支援を実践するときの考え方と行動のしかた ——— 92

第4章　福祉政策と財政の仕組み ——————————— 107
　　1　社会保障費と福祉費 ——————————————— 109
　　2　自治体における福祉財政は「民生費」を見る ——————— 112
　　3　そもそも財政とは ——————————————— 116
　　4　利用者負担の仕組み ——————————————— 119

第5章　福祉行政の仕組み ——————————————— 123
　　1　福祉行政における「国」「都道府県」「市町村」——————— 125
　　2　福祉に関する法律 ——————————————— 129
　　3　自治体における福祉現場 ————————————— 131
　　4　政策は福祉計画次第 ——————————————— 135

終　章　格差拡充下の処方箋 ————————————— 143
　　1　共働きが基軸となる社会 ————————————— 145

2 高齢者関連費用の削減は間違い ——————————— 146
  3 どう考える外国人労働者 ————————————— 147
  4 福祉による経済刺激策 —————————————— 149
  5 再分配社会をめざすための財源 ———————————— 152

おわりに ————————————————————————— 159

索　引 ——————————————————————————— 163

装幀　加藤光太郎
組版　岩谷　徹

はじめに

「福祉（well－being, welfare）」とは，一般的に「幸せ」「よく生きる」と訳されたり解説されたりする。私たちが，普段，暮らしていても，この「福祉」という言葉は，ひんぱんに使われる。昨今，新聞記事に「福祉」関連が掲載されない日はないし，今は，政局にも大きく発展するテーマだ。
　もっとも，1980～1990年代，世の中の関心事といったら「日米貿易摩擦」「日経平均株価」「公共事業費」「整備新幹線計画」など経済・公共事業関連の問題であった。当時から「福祉」に関する内容はとりあげられてはいたものの，政局に影響を及ぼすまでにはいたっていなかった。
　しかし，現在，日本の高齢者人口は約3300万人を超え，年々，この高齢化率は伸び続けている。40年先の2050年過ぎには，日本の高齢化率は約４割にまで達するとの推計も示されているぐらいだ。
　このような超高齢化社会にともなって「福祉」問題は，日本社会の主要な関心テーマとなり，かつての経済・産業部門の諸問題よりも緊急視・重要視されるようになった。そこにさらに合計特殊出生率の低迷という「少子化」の動きが加わって，今や「福祉」というテーマは，私たちの生活において，誰もが無視できないものになっている。
　とは言いながら誰しも，「福祉」について単純に考えるなら，「高齢者」「障害者」「低所得者」「子ども」などといった社会的弱者を対象とした，「社会サービス」「行政サービス」と思いがちだろう。誰もが安定した雇用環境で働き続け，自分や家族を養っていける保障はない。「病気」「事故」「失業」など，どうしても社会的なリスクは長い人生の中でつきまとう。
　もし，誰にも健康で安心した雇用環境が維持されているなら，本当に困っている人に限定した「福祉」サービスを保障さえすれば，何も問題ないことになる。つまり，「福祉」は生活を支える社会システムであり，安定した雇用環境が維持できなくなり生活困窮に陥った際のセーフティーネットといえる。
　であるならば「福祉」の充実も重要ではあるが，安定した雇用環境を構築することが社会には求められる。たとえば，自動車事故によって障害者となっても，車椅子のまま働ける雇用環境が整っていれば，「福祉」サービスは部分的なものになるかもしれない。

そこで，本書は，「福祉」サービスの基本となる生活保護制度や障害者福祉制度について触れながら，併せて雇用問題についても目を配り，「福祉」と「雇用」の関連性について述べる事に主眼において各章を構成した。

　本書の試みが，読者の「福祉」に対する視野を広くする一助となれば幸いである。

執筆者を代表して
結城康博

序 章　福祉と就労(雇用)は車の両輪

1　雇用安定と福祉の充実

1.　不安定雇用情勢への懸念

　2015年9月から労働者派遣法の改正が実施されている。旧来，企業側が派遣労働者を受け入れる期間が最長で3年となっていた。ただし，秘書や通訳などといった専門26業種は期間制限がなかった。

　しかし，いくつかの条件はあるものの，受け入れ期間の上限や専門業務の区分が廃止された。つまり，3年ごとに人を入れ替えさすれば，企業側は派遣労働者をいつまでも使い続けることができる。その結果，さらに終身雇用制度の解体が進むのではないかと危惧される。

　厚労省の資料によれば，1985年雇用者全体に占めるうち，非正規職員といったパート・契約社員・派遣社員などの割合は16％弱に過ぎなかった。しかし，2011年には35.2％までに上昇した。たしかに，昨今，働き方の価値観も変わり正規職員に就くことを好まない労働者もいないわけでもない。しかし，このような終身雇用制度の解体が続けば，社会保障制度の不安定化を招きかねない。

2.　正規職員と財源の安定化

　周知のように医療・年金・介護・労働などの社会保険制度は，労働者である被保険者と，雇用者である事業主が支払う保険料で賄われている。ただし，税金である公費も投入されており，同様に労働者と事業主と双方が税金で負担する形態もある。

　つまり，非正規職員の割合が高くなれば，賃金も正規職員と比べて低水準となり保険料や納める税金も低くなり，結果的には社会保障財源が少なくなるのだ。

　また，昨今，20～30代の生涯未婚率が高くなった背景には，安定した雇用環境が築けず結婚して家庭を築くことに踏み切れない男女が増えている事情が存在する。普通，少子化対策が問題にされる場合，保育サービスの拡充や育休・産休などの子育てシステムに目が向けられがちだが，安定した雇用環境が整備

されることこそが最優先されるべき問題なのだ。

　つまり，このまま雇用の流動化が進めば，社会保障財源の確保につながらず，少子化対策の是正にも結びつかない。再度，終身雇用制度の再構築を図らなければならないであろう。

　しかも，不安定な雇用者が増えれば個人消費にも影響をきたし，結果的に内需の規模を縮小させてしまい，企業利益においても大きな損失をきたす。そして，企業による税収も伸び悩み，繰り返しになるが社会保障における財源確保も未知数となる。

　いわば雇用政策と社会保障制度は表裏一体の構図であり，短期的な企業経営の効率化を優先して終身雇用制度の解体に向かう動きは，長期的には日本全体の社会保障制度の不安定化を招く危険性をはらんでいるといえよう。

2　給付と負担の世代間格差を考える

1. 社会保障費（福祉政策費）の中身

　2015年度の社会保障給付費は約116.8兆円となっており，そのうち高齢者における医療・年金・介護が約7割を占めている。確かに，経済学・財政学的に考えると，社会保障における「給付と負担の世代間格差」は数値の上では明らかだ。

　たとえば，厚労省の試算によれば，2010年時点で70歳になる厚生年金加入世帯は，支払った保険料（専業主負担分除く）の6.5倍の年金給付となるのに対し，30歳以下の世帯は2.3倍しか受け取れないとなっている。しかし，このような数値は生活実態とは乖離したものではないか。

　最近，厚労省より女性の第1子の平均出産年齢が30.1歳と公表された。そうなると，第2子は，35歳前後となるであろう。また，現在の高校3年生の四年制大学への進学率は約50％であり，専門学校や短期大学を含めると高等教育の進学率はかなりの割合を占める。

　「子育て施策」というと「共働き世帯」支援の観点から，0歳から就学前後の保育サービスの拡充が焦点となることが多い。また，若者の雇用情勢や壮年

層におけるリストラ問題などを背景に，現役世代における雇用政策が強調される。したがって，高齢者分野への社会保障給付費を，若年者層に傾斜すべきという議論が盛んになりがちだ。

2. 働く者にとっての福祉サービス

しかし，いま述べたように高等教育への進学率の上昇から，子育ては0歳から22歳までが基本となっており，しかも，多大な教育費がかかるのは高校生から大学卒業までの5〜6年間であることを忘れてはならない。

つまり，女性の出産年齢が30歳代となると（後に述べるが，この傾向は晩産化と呼ばれている），その子供が高校・大学生になる頃には両親の年齢が50歳から60歳となる。そうなると，その両親は親の介護に直面する時期と重なり，結果的に教育費のかかる子育て時期と，親の介護問題の時期とが重なることになるのだ。この問題を見過ごしてはならない。

実際，親の介護・看護を理由に50歳代女性を中心に介護離職を余儀なくされる人々が増え続けている。確かに，高齢者の中には息子や娘の支援を得ずに，自身の所得や資産を活用して，公的医療及び介護サービスの不足分を補うことが可能な人もいる。しかし，実際には親族に何らかの経済的支援や介護の担い手として依存している高齢者も多いのが現状なのだ。とくに，親族による担い手は，50代女性が人数の点からも多数を占めている（序－1表）。

いわば高齢者における社会保障給付費が多くを占め，公的サービスが拡充されるのであれば，間接的に現役世代や若年層にもメリットとなる。このような

序－1表　介護者における男女別人数

万人

	15歳以上30歳未満	30〜39歳未満	40〜49歳未満	50〜59歳未満	60〜69歳未満	70歳以上	総数
女	23.7	33.3	57	127.9	104.3	69.1	415.4
男	16.2	15.4	35.5	70.9	77.8	51.7	267.5
計	39.9	48.7	92.5	198.8	182.1	120.8	682.9

出典）厚生労働省雇用均等・児童家庭局『平成24年版働く女性の実情』47頁から作成。

「シャドー・ベネフィット」は，経済学や財政学的な数値では明らかとはならない。

3　女性の雇用安定と福祉政策

厚労省から，2013年国民基礎調査が公表され，要介護者の高齢者と同居している家族のうち，介護にあたっている内訳は，配偶者が26.2％，子21.8％，子の配偶者11.2％と言う数字があげられている。ただし，これらのうち約7割が女性であり59歳未満が約3割を占めている。しかも，厚労省の別の統計によれば介護等を理由に年間約10万人が仕事を辞めており，その約8割が女性となっている（序-1図）。

いっぽう，児童のいる世帯は，昭和61年に1736万世帯であったのに対し，平成25年には1208万世帯と大幅に減少していた。しかし，ひとり親と未婚の子のみ世帯数が72万世帯から91万世帯に上昇している。なお，母親の仕事の状況に関しては正規職員が19.4％であるのに対し，仕事なし36.9％，非正規職員34.6％となっていた。

これを見ると，共働き社会が浸透したとはいえ，依然として子育ては母親に偏っていることがわかる。もちろん，以前と比べて「子育ては母親」「介護は嫁

序-1図　介護・看護により前職を離職した15歳以上人口

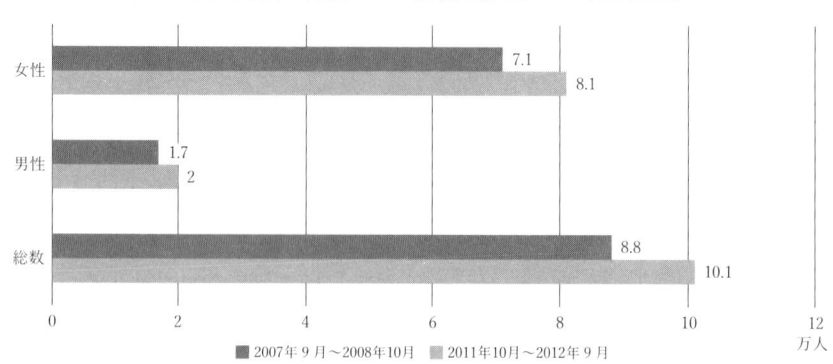

出典）総務省『平成24年就業構造基本調査』20113年7月12日72頁から作成。

や娘」といったように女性が育児・介護に偏る傾向は是正・緩和されつつある。しかし，男性と比べるとその役割は女性のほうがいまだ高いのである。

4 人は何歳まで働き続ければ?

1. 年金支給開始年齢と高齢者雇用

　昨今，年金支給開始年齢の議論が盛んとなっている。政府の見解をみても，健康寿命が伸び働く高齢者が多くなっていることから，保険料の拠出期間を延ばし年金システムの持続性につなげたい意図が窺える。たしかに，2013年4月から実施されている高齢者雇用安定施策によって，多くの人は65歳までは雇用の継続が確保されつつある。

　しかし，将来，かりに年金支給開始年齢が68歳まで引き下げられたなら収入が保障されないため，一部の資産家以外は必然的に68歳まで働き続けなければならない。

　とくに，平成24年度厚労省のデータによると介護保険サービスを利用している人数は，65歳〜69歳で約18万人となっている。そして，平成22年度厚労省国民生活基礎調査においても，同年齢層で約13％の人が健康状態について「よくない」「あまりよくない」と考えているという。つまり，健康寿命が伸びたといっても65歳以降になると健康上の問題を抱えている人も少なくなく，個人差によるところがある。

　しかも，国民年金受給者のうち規定通り65歳から受給している割合は約8割あまりで，繰り上げ支給といってそれ以前に受給している人が約4割となっている。当然，繰り上げ支給を選択することで年金受給額が生涯にわたって軽減されてしまうが，今を生きるために65歳に満たないうちに，年金を受給せざるを得ない人もいる。65歳に満たなくとも家計状況が厳しいからである。なお，繰り下げ支給といって65歳を過ぎても支給開始年齢を引き下げると生涯にわたって年金受給額が多くなる制度があるが，このような余裕のある高齢者は国民年金受給者のわずか1.6％にしか過ぎない。

2. 若者と高齢者の雇用事情

しかも，2011年経団連が公表した人事・労務に関する調査結果によれば，希望者全員が65歳まで雇用継続が義務化されたなら，37.4％もの企業が若者採用の縮減を行わざるを得ない，と回答している。つまり，年金支給開始年齢引き下げによって68歳まで働く日本社会となれば，若者の働く機会が目減りしていくことが予測される。もしくは，完全に高齢者層が退職するまで契約社員や非正規職員として採用されるしかない。すなわち，正規職員の門戸が少なくなる結果が生まれる。だが，そうなると，社会保障制度を支える現役世代の生活を脅かすことになってしまう。

多くの元気な高齢者が働き続け，年金所得に頼る期間を短くすることは素晴らしいことだが，それは強者の論理であって，必ずしも全ての65歳以上の人にあてはまるとは限らないことを社会は認識すべきであろう。

5　貧困の連鎖対策の意義

1. 教育は不平等

どんなに貧しい家庭に生まれても，子供の努力次第で奨学金などを利用しながら一流大学に進学し，それなりの社会的地位と賃金を稼げるという「平等社会」は，日本では崩れつつある。平成21年度文部科学白書は，「家計負担の現状と教育投資の水準という」と銘打って，教育格差における現状を問題提起した。

その中で親の年収と高校卒業後における調査報告が公表され，四年制大学の進学率において年収1,000万円超の家庭では62.4％，1,000万円以下は54.8％，800万円以下は49.4％，600万円以下は43.9％，400万円以下は31.4％という数字が示された。

同年度の四年制大学への進学率は平均で約50％であるから，明らかに親の年収と大学の進学率は関連している。もちろん，四年制大学に進学したからといって将来の賃金が保障されるとは限らない。高卒であっても大卒者よりもはるかに高額な賃金を稼いでいる者もいる。しかし，労働政策研究・研修機構の統

計によれば，大卒のほうが高卒よりも勤務年数が少ないのにも関わらず生涯年収は3,000万円も違うことから，高学歴のほうが賃金水準は高い傾向にあることは明らかだ。

　つまり，親の年収が高いほど高学歴になる確率は高く，生涯賃金も高額になる可能性が高くなる。このことは社会保障政策にも大きく影響を及ぼす。

2. 貧困の連鎖と社会保障費

　昨今，児童福祉の現場では「貧困の連鎖」と呼ばれる問題が深刻化している。貧しい家庭に生まれた子供は，大人になっても低賃金労働者として働く可能性が高く，再度，貧困家庭を築き，そして，その子供も貧困層となる，というのだ。

　厳しい経済環境の中では塾に行く費用も工面できず，幼い時から美術館や博物館，映画などの文化的な暮らしにも縁遠くなる。このような児童・学生による家庭環境が，教育格差につながり大人になっても階層化していくのである。

　高度経済成長期であれば，公立学校の授業を真面目にこなしていれば，それなりの大学に進学できた。しかし，今は，小学校から英語やIT教育が導入され，学校以外での教育機会に恵まれれば，それだけ有利となる。

　全体の教育水準が高くなることは歓迎すべきだが，親の年収格差によって，その子供の教育水準に差が生じることは，結果として「貧困の連鎖」を招く一因となる。

　そのため，低所得者の児童や学生には，塾代を工面するとか文化的な機会を提供するなどの，福祉・教育的なサービスを早い時期から提供していかなければならない。子供は親を選べないのだから，社会で補填するしかない。

6　誰も健康でいられるとは限らない

1. 努力は自分だけのものか？

　市場経済の中で一生懸命努力して良いアイデアを生み出し成功した人々の中には，高額な税金や保険料を徴収して不遇な人に財を「再分配」することに消

極的な考えがある。フェアな市場経済の中で得た富において，「正直者が損をする」ことは許されるべきではない。「再分配」システムは重度障害者や不運な子供らなどに限定的にすべきという「小さな政府」こそが，公正な社会システムだ，というのだ。

いっぽう「大きな政府」論に基づき市場経済で配分された富を，もう一回，税金や保険料として国や自治体に納め，困っている人々など社会的弱者に「再分配」することが公正であるとして，社会保障の充実を主張する考え方もある。

本来，「給付と負担の世代間格差」を問題視するのではなく，むしろ「世代間に関わらず所得と資産の再分配」のシステムを，いかに講じるかが重要視されるべきだと筆者は考える。青年実業家であろうと高齢者であろうと，一定の所得と資産を有している者には，それ相応の負担を課すことで，公正な給付と負担の社会保障システムが構築されるはずである。

ただし，「給付と負担の世代間格差」の議論を強調させることで，高齢者分野における社会保障給付費の抑制を大義名分化させる手法としては，一定の効果は期待できるのかもしれない。

2. 生活保護制度の意義

もっとも，現在，生活保護費が3.7兆円を超え不正受給費も約173億円という現状に目を向け，社会保障サービスの行き過ぎが問題視されているのも事実だ。「自助」という理念に基づいて市場経済の中で敗者となった層を，社会がフォローするのは限定的でいいのではないかという考えが，この根底にある。2014年7月から改正生活保護法が実施され，今後，生活保護の申請手続きが厳格化される。

たしかに，厳しい生活を強いられている者も多く不正受給などは許されるべきではない。しかし，だからといって生活困窮者は自業自得であり，フェアな市場経済で敗者となったのだからやむなし，でいいはずがない。

実際，市場経済において一生懸命働いた結果，勝つ人もいれば，負ける人もいる。たとえ勝者であっても，本当に自分の実力だけで成功したのかは疑問である。もちろん，本人の努力なくしては成功を収めることは難しいであろう。

しかし，そこには「運」なども大きく寄与している。

3. 元気で働き続けられる保証は？

　勝者は偶然に恵まれた家庭で育ち教育機会や人的関係も豊富で，初めから市場経済の中で有利なプレーヤーである人が多い。むしろ，貧しい生活環境の中では相当な努力をしない限り，勝負できるプレーヤになることさえもできない層がいる。

　つまり，本人の努力に見合った富の配分は言うまでもないが，併せて自分の力だけでは勝者になったわけではないのだから，一定程度，税金や保険料を納めて生活困窮者に富が再分配されるべきだ。

　市場経済ではフェアなルールに基づいて経済活動がなされているものの，そこに参画できること自体が，一部，幸運であり決して自分の力だけではないことが認識されるべきである。しかも，勝負に勝っても永遠に勝てる保障は誰にもない。目まぐるしく変わる社会環境で，いつでも誰もが生活困窮者に陥る可能性は否定できないのだから。

4. 雇用政策と福祉政策

　雇用政策（就労支援など）と福祉政策（社会保障）を表裏一体と捉え，その政策課題について論じることは可能である。現在，生活困窮者対策においても，少しでも「サービス受給者」から「サービスを支える」ことを意図して，生活保護受給者対策が試みられている。

　しかし，国や自治体の行政システムは縦割り行政となっており，必ずしも連携がとれていない。「地方創生」という言葉がとびかい，地方分権が進む中でも，雇用と福祉政策が一体となって地方活性化に結びつく議論は不足している。

　これらの連携を実現させるためには，現行の自治体行政の問題点を分析しながら，多くの課題を克服していく必要がある。

（結城康博）

第1章　生活保護制度と就労支援

1　生活保護制度とは

1.　生活保護の現状

（1）第1のセーフティネット　　生活保護は憲法25条に規定する理念に基づき、国が生活に困窮するすべての国民に対し、その困窮の程度に応じ、必要な保護を行い、その最低限度の生活を保障するとともに、その自立を助長することを目的としている。社会保険制度や労働保険制度は第1のセーフティネットと言われ、求職者支援制度や生活困窮者自立支援制度を第2のセーフティネット、そして生活保護制度は第3のセーフティネットとも言われている。本章では生活保護制度の概要と、生活保護受給者への就労支援と課題について、現状を踏まえ記述する。

（2）増加を続ける生活保護世帯　　生活保護を受給している人の数及び保護率（人口1,000人当たりの受給者数）は、1995年を底に上昇し、2008年のリーマンショック以降、派遣切りなど失職と同時に住居を失う非正規労働者や解雇・倒産等で生活困窮に陥った人が生活保護を受けるようになった。2016年1月時点の保護受給世帯数は163万3,301世帯（前年同月比＋14,447世帯）と増加し続け、受給者数は216万3,394人（前年同月比△6,904人）で、2011年9月に206万人に達して以来、過去最多であった戦後の混乱期の1951年度の204万人を超える状況が続いている。ちなみに国民1,000人中17人が保護を受けていることになる。（第1－1図）

世帯別では母子世帯が6.4％、傷病者・障害者世帯が27.1％、その他世帯が16.5％と前年同月比で減少している中、65歳以上の高齢者世帯が49.3％（80万6,606世帯）と前年同月比で5.3％増えており、うち単身者が9割を占めている。高齢者世帯増加の要因は無・低年金の高齢者が増えているからで、今後もその傾向が続くことが予測される。またリーマンショック以降、急増した稼働可能な世代を含む「その他世帯」は前年同月比△3.3％と減少しており、厚労省は雇用状況の改善が影響しているとしている。さらに受給世帯数が増える一方、

第1－1図 被保護世帯数、被保護人員、保護率の年次推移

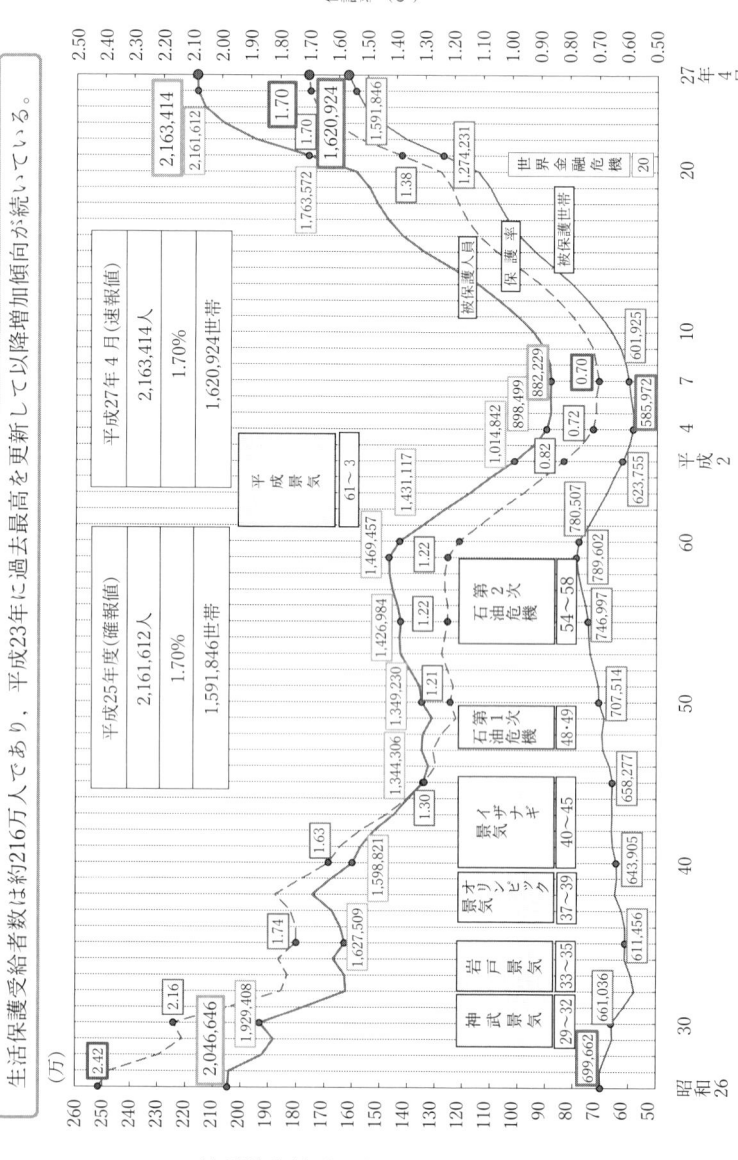

出典）被保護者調査より厚生労働省社会・援護局保護課にて作成（平成24年3月以前の数値は福祉行政報告例）。

人数が減少した要因について，高齢者の単身化が進みそれ以外の世帯が雇用状況の改善などで減少傾向にあることが影響しているとしている。

（3）増大する生活保護費抑制の動き　こうした中，国は「必要な人には確実に保護を実施するという基本的な考え方を維持しつつ，今後とも生活保護制度が国民の信頼に応えられるよう，就労による自立促進，不正受給対策の強化，医療扶助の適正化等を行う」とし，2013年12月生活保護法一部改正を行った。しかしこの改正された生活保護法は運用次第では生活保護の受給抑制になりかねない，との懸念も出ている。

また，国は低所得世帯の消費実態に合わせ支給額を見直すとし，2013年8月から3年かけ過去最大規模の670億円もの生活保護費（生活扶助費）が削減された。約3年間で平均6.5％，最大で10％の生活保護基準の引き下げになり，受給世帯の約96％が減額対象となった。さらに，近年の家賃物価の動向等も踏まえ適正化とし，2015年7月から住宅扶助の上限額の引き下げ，11月から冬季加算の見直しが実施され，憲法25条に基づく最低生活保障の理念が大きく問われてきている。

（4）不十分な実施体制　生活保護受給世帯の高校生が修学旅行費を賄うためアルバイトして貯めたお金を，収入申告しなかったことを理由に不正受給とみなされたケースでは，受給世帯が全額返還処分を受けたのは不当として訴訟を起こした。裁判所はケースワーカーの説明不足で保護世帯がアルバイト収入の申告義務を十分に理解していなかった，と判断し取り消しを認めている（「東京新聞」2015年4月2日）。

また，高校通学のため必要な奨学金を受給したが，収入とみなされ同額を保護費から差し引かれたケースが国会で取り上げられた。保護費だけでは賄えない修学旅行やクラブ活動などの就学に充てる最小限度の金額は収入として認定しない仕組みがあり，厚労省も「奨学金を収入として認定しない場合はあり得る」との見解を示している（「東京新聞」2015年5月15日）。（厚労省は2015年10月から奨学金を学習塾などの費用に充てる場合は「収入」と見なさず保護費か

ら減額しないよう運用ルールを変更した）。

いずれも，ケースワーカーが法の運用を熟知していなかったこと，担当世帯数が多すぎて説明が不十分だったことなど不十分な実施体制が背景としてあり，後に不正受給と認定されるケースが多々あるとの指摘もあり，最低生活保障や自立支援に関わる法令遵守が福祉事務所に問われてきている。

2. 生活保護の成り立ち

第2次大戦後，戦争被災者，引揚者，遺族，失業者などの生活は困窮を極め，旧来の法制度では適切な対応ができず，その対策として1946年に旧生活保護法が制定された。1947年施行された日本国憲法の理念に基づき，1950年に現行生活保護法が制定された。この生活保護法に，戦争孤児の救済のための児童福祉法（1947年），傷痍軍人救済のための身体障害者福祉法（1949年），さらにその後制定された知的障害者福祉法（1960年），老人福祉法（1963年），母子及び寡婦福祉法（1964年）が制定され，以上を福祉六法と呼んでいる。

3. 生活保護の基本原理

憲法によって保障される生存権を実現するための制度の一つとして制定された生活保護法には生活保護を運用するにあたっての4つの基本原理が明記されている。

  第1条 国家責任による最低生活保障の原理
  第2条 保護請求権無差別平等の原理
  第3条 健康で文化的な最低生活保障の原理
  第4条 保護の補足性の原理

簡単にいうと全ての国民は国によって最低限度の生活が保障されているということ，生活困窮に陥った原因が何であれ無差別平等に保障を受けることができるということ，最低限度の生活とは，健康で文化的な生活水準であるということで，いずれも「国が守るべきことがら」を規定したものである。

第4条の「補足性の原理」とは，保護を受けるためには，資産，能力その他利用し得るあらゆるものを活用し，さらに親子などの扶養，他の法律による給

付を優先して活用するなど様々な努力をして、それでも最低生活が営めない場合に、はじめて保護が行われるという、保護の要件と優先事項を規定したものである。

4. 生活保護を受けるための要件

保護を受けるには次の2つの要件と優先事項がある。

ア 最低生活維持のため、資産があれば活用する（保護要件1）

資産とは土地、家屋、現金、預貯金、有価証券や貴金属などの生活用品など経済的価値のあるものをいう。「資産」は、「現実に最低生活の維持のために活用されており、かつ処分するより保有している方が生活維持、自立助長に実効があがっていると思われるものは処分しなくてよい、また現在は活用されていないが、将来活用されることがほぼ確実で、かつ、いま処分するより保有している方が生活維持に実効があると認められるものも処分しなくてよいこと」とされている。

家屋など不動産は現に住んでいて「処分価値と利用価値を比較し、処分価値が著しく大きいもの以外は保有が認められる（ただし、「要保護世帯向け長期生活支援資金」の利用が可能な者については、当該貸付金の利用が、生活保護の適用より優先される）」。ただ、ローン付き住宅については結果的に生活に充てるべき保護費からローンの返済を行うことになるので、原則として保護適用はされない（ただし保有が認められる程度の物件でローン支払いの繰り延べが行われている場合、又は返済期間が短期間で支払額が少額の場合は保護適用可）。

「自動車」の保有は原則として認められていないが、障害者や山間僻地に居住する者等が通勤のため必要とする場合、障害者が通院、通所及び通学のため必要とする場合は一定の要件のもと保有が認められている。

資産については、機械的な取扱いは出来るだけ避け、その世帯の自立の芽をつんでしまうことのないように配慮することが求められている。

イ 働ける人は能力に応じて働くこと（保護要件2）

稼働能力がある場合には、その稼働能力を最低限度の生活の維持のために活

用することが必要である。「保護の手引き」には「現実に稼働能力があり，就労が可能と思われる適当な職場があるのに，どうしても働こうとしない者については，この補足性の要件を欠くものとして，保護は受けることはできません。しかし，働く意思と能力があり，求職活動を行っていても現実に働く職場がないときには，保護を受けることができます」と極めてシンプルに記述されている。

稼働能力を活用しているか否かについては①稼働能力があるか否か，②その具体的な稼働能力を前提として，その能力を活用する意思があるか否か，③実際に稼働能力を活用する就労の場を得ることができるか否か，によって判断することとされている（実施要領には，判断にあたっての留意事項が詳細に記述されている）。

ウ　親・兄弟等からの援助が受けられる人は受けること（優先事項）

親子，兄弟など民法上の扶養義務関係にある者から扶養（援助）を受けられる場合は，その扶養が保護に優先するというもので，ア，イと異なり保護の要件ではない。福祉事務所は援助が受けられるかどうか確認するため，扶養義務者に扶養照会という文書を出す（扶養能力調査）。しかし，長期入院患者や概ね70歳以上の高齢者，20年間音信不通であるなど明らかに扶養が期待できない場合やDVから逃げてきた母子世帯などは扶養の可能性が期待できない者として，照会不要の取り扱いがなされている。

2014年7月施行の改正生活保護法では，不正・不適切受給防止の観点から，福祉事務所が扶養義務者に対して通知及び報告聴取を行えるようになったが，同時に施行された生活保護法施行規則をはじめとする改正作業の中で，明らかに扶養が可能と思われるのに，扶養を履行しないと認められる限定的な場合に限る，との取り扱いが確認されている。

厚労省も相談段階における扶養義務者の状況の確認について，「扶養義務者と相談してからでないと申請を受け付けない，扶養が保護の要件である，かのごとく説明を行う」といったことがないよう，現場に徹底するよう指導している。

エ　年金，手当や他の法律や制度等を活用すること（優先事項）

　年金，手当，他の法律（精神保健福祉法，感染症予防法，障害者自立支援法，介護保険法等）や制度で給付が受けられる者は，手続きをして給付を受ける必要がある。これを〈他法他施策の活用〉という。

5.　申請保護の原則

　生活保護の相談は誰にでもできるが，生活保護の申請は本人か，扶養義務者または同居している親族の申請に限られており，本人が住んでいる福祉事務所に申請する。ただし，要保護者が急迫した状況（意識不明の単身病人など）にあるときは，保護の申請がなくても，必要な保護を行うこと（職権保護）ができる。

　2014年7月施行の改正生活保護法第24条で申請時の手続き等が法律に規定されたが，これは保護の申請時における申請事項や申請様式，書面等の提出は申請から保護決定までの間で構わないことや，事情がある人には認められている口頭申請など従前からの運用を変更するものではないこと，とされている。面接時に申請意思が確認された者には速やかに保護申請書を交付するとともに申請手続きの助言を行う必要があり，保護の申請書類が整ってないことをもって申請を受け付けない等，法律上認められた保護の申請権を侵害しないことはもとより，侵害していると疑われるような行為自体も厳に慎むべきである，と厚労省は指導している。

6.　生活保護の決定

　生活保護申請を受理した福祉事務所では，地区の担当ケースワーカーが申請者宅（入院・入所先）を訪問して申請者の生活実態（生活歴，職歴，病歴等）を把握し，不動産，預金等の資産状況，収入状況，家族・親族（扶養義務者）の状況，稼働能力，他法他施策等を確認する。こうした調査により保護要件の有無を確認し，保護が必要かどうか判断し，2週間以内に決定（開始または却下）し，申請者に通知することになっている。また保護開始日は申請日以降（原則遡及しない）である。

要否判定

　申請者の資産，能力などを活用しても，なお生活に困窮する場合で，その世帯の収入状況と国が定めた生活保護基準（最低生活費）を比較し，「収入認定額」が「最低生活費」を下回れば，最低生活が保障されてないことになり，生活保護が必要と判断される。これを要否判定という。以下，要否判定を例示する。

保護が受けられる場合
〈収入認定額が最低生活費を下回っているため，その不足分だけを保護が受けられる〉

最 低 生 活 費
生活扶助（各種加算含む）＋住宅扶助＋教育扶助＋介護費・医療費自己負担（入院時食事代含）
収 入 認 定 額 　　　　この部分が生活保護費として支給される

保護が受けられない場合
〈収入認定額が最低生活費を上回るため，保護は受けられない〉

最 低 生 活 費
生活扶助(各種加算含む)＋住宅扶助＋教育扶助＋介護費・医療費自己負担額(入院時食事代含)
収 入 認 定 額

出典）筆者作成。

7. 自立への支援

　生活保護の目的である「最低生活の保障」と「自立助長」は，いわば車の両輪である。

　保護決定後，ケースワーカーは受給者を定期的に訪問し（厚労省は最低年2回の訪問を指導している），生活実態を把握し，最低限度の生活がきちんと維持されているか，問題が生じてないか等を確認し，困窮が生じている場合は，具体的に援助をする。

　また，最低生活の保障のため，その世帯の収入状況を把握し，収入と生活保護基準（最低生活費）とを比較し，不足する部分を保護費として毎月支給する。逆に収入認定額が最低生活費を上回れば，最低生活が保障されていることになり，保護の停止や廃止を検討することになる。

そのため，定期的に次のような調査を行う。収入がある世帯には，稼働収入調査（毎月または3か月に1回程度），年金・手当収入調査（年金改定時等），収入がない世帯には年1回の無収入・援助収入調査。また扶養調査，年金受給資格調査，課税調査，公営住宅使用料確認などを必要に応じ行う。保護申請時だけでなく，受給中も保護要件の確認を常に行うのである。

社会的孤立が問題視される中，生活保護受給者の尊厳や生き様を尊重しつつ，日常生活の自立はもとより，地域での人間関係を構築し，社会の一員として人間らしい生活が営めるように支援することも重要になってきている。

2　生活保護における就労支援

1.　就労指導の法的根拠等

国は「福祉から就労へ」のスローガンを掲げ，労働行政との連携を深めた財源も含めた就労支援のプログラムを用意し，就労支援を強化してきている。ここでは，就労支援の法的根拠，稼働能力活用，就労支援を中心とした自立支援プログラム，就労支援の意義や課題について述べよう。

（1）保護の補足性の原理　「保護は生活に困窮する者が，その利用し得る資産，能力，その他あらゆるものを，その最低限度の生活の維持のため活用することを要件として行われる」(生活保護法第4条1項)。

被保護者については，簡単に言えば，稼働能力がある者は最低限度の生活の維持のためにその能力を活用することが受給継続の要件，ということになる。最低生活を欠くような生活困窮状態にある人から保護申請があれば，まず保護を適用し最低生活を保障したうえで，稼働能力の活用，つまり就労支援を行い，法のもう一つの目的である「自立助長」を実現していくことになる。

（2）福祉事務所による指導・指示　「被保護者に対し生活の維持，向上その他の保護の目的達成に必要な指導又は指示をすることができる。指導・指示は被保護者の自由を尊重し必要最小限に止めなければならない。（この規定は）被

保護者の意に反して，指導指示を強制し得るものと解釈してはならない」(生活保護法第27条)

（3）保護受給中の「就労に関する」指導・指示　　実施要領では，「傷病その他の理由により離職し，又は就職してなかった者が傷病の回復等により就労（そのための必要な訓練等に就くことを含む）を可能とするに至ったとき」必要に応じて指導指示を行う，と規定されている。

（4）生活上の義務　　「被保護者は，常に，能力に応じて勤労に励み，支出の節約を図り，その他生活の維持，向上に努めなければならない」(生活保護法第60条)。

（5）必要即応の原則　　「保護は，要保護者の年齢別，性別，健康状態等その個人又は世帯の実際の必要の相違を考慮して有効且つ適切に行うものとする」(生活保護法第9条)。

（6）個々の要護者の実情に即して　　制度の機械的運用を戒め，有効適切な保護を行うという趣旨で設けられた規定で，常に留意すべき原則である，とされている。

2.　被保護者の稼働能力活用について

　実施要領では「稼働能力があるにも関わらず収入を得るための努力をしない等保護の要件を欠く者」として，稼働能力の活用について指導・指示し，従わなかった時は，必要に応じ所定の手続きを経たうえ，保護の変更・停止または廃止を行うこと，とされている。
　しかし，自立支援という法の目的からすれば，稼働能力を活用する意思がないからといって，保護の要件に欠ける者として扱い，簡単に保護から排除することは避けるべきである。現象面だけ捉えるのでなく，「意思がない」こと自体の背景（対人関係が苦手，社会に出ることへの不安，就労体験が少ない等）

を探り，就労意欲喚起事業などの自立支援プログラムを活用するなど，長期的視点で支援するべきだろう。

3. 自立支援プログラムとは

　生活保護を「利用しやすく自立しやすい制度」へ転換するため，「社会保障審議会福祉部会生活保護制度の在り方に関する専門委員会」は，様々な課題に的確に対処し，解決するための「多様な対応」，保護の長期化を防ぐための「早期の対応」，ケースワーカー個人の経験や努力ではなく，組織的取り組みを推進する「システム的対応」が必要，との報告を出した（2004年12月）。それに基づき2005年度から全国の福祉事務所で自立支援プログラムの策定・実施が始まった。

　自立支援プログラムとは，「自立＝生活保護の廃止」という従来の現場感覚に対し，自立を「就労自立」と狭くとらえず，社会福祉法がいう自立の意味に定義し直す画期的な内容である。自立支援プログラムは，実施機関が管内の被保護世帯全体の状況を把握したうえで，被保護者の状況や自立阻害要因についてタイプ分けし，それぞれのタイプごとに取り組むべき自立支援の具体的内容及び手順等を定め，これに基づいて，個々の被保護者に必要な支援を組織的に実施する。

　つまり，「就労自立」（就労による経済的自立）のプログラムのみならず，「日常生活自立」（身体や精神の健康を回復，維持し，自分で自分の健康・生活管理を行うなど日常生活において自立した生活を送ること）及び「社会生活自立」（社会的なつながりを回復・維持し，地域社会の一員として充実した生活を送ること）をめざすプログラムを幅広く用意し，被保護者の抱える多様な課題に対応できるようにするものである。

　厚労省は日常生活自立支援プログラム，社会生活自立支援プログラムについて，マニュアルで「社会参加活動プログラム」「日常生活意欲向上プログラム」「高齢者健康維持・向上プログラム」「精神障害者退院促進支援事業活用プログラム」「元ホームレス等居宅生活支援プログラム」「多重債務者等対策プログラム」等を例示している。これをうけ，各自治体は，精神長期入院患者や元ホー

ムレスの人の地域生活移行支援に関する取り組みや，今では全国的に行われている高校進学支援，多重債務者支援，引きこもりの社会生活支援など多様なプログラムを策定する。そうした自治体への財政支援も行われている。

4. 就労支援プログラム

自立支援プログラム（就労支援プログラム，日常生活自立支援プログラム，社会生活自立支援プログラム）の中で，先行的に実施されてきたのがハローワークと連携した「就労支援プログラム」だ。以下，一連の就労支援の流れを述べよう。

(1)　生活保護受給者等就労支援事業活用プログラム（2005年～2010年）　　福祉事務所とハローワークが連携して受給者への個々のニーズに応じた就労支援を行う。ハローワークに，専門担当者であるコーディネーター(就労支援メニューの選定，支援対象者との面接，福祉事務所との連絡調整など就職への一貫した就労支援を行う)・生活保護受給者等就労支援ナビゲーター(求人開拓や履歴書の作成，面接技法等の支援など就職までの一貫した就労支援をマンツーマンで行う) を配置し，福祉事務所のコーディネーター(査察指導員，就労支援員などから選任され参加者の選定，ハローワークとの連携を行う)とハローワークのコーディネーターが就労メニュー選定チーム（就労支援チーム）をつくり，支援対象者の面接，メニュー選択，本人同意に基づいた支援を実施するシステム。

稼働能力を有する者，就労意欲がある者，就職にあたり就労阻害要因がない者，事業への参加に同意している者の4要件を満たす者が対象となる。

ハローワークにおける就労支援ナビゲーターによる支援，トライアル雇用の活用，公共職業訓練の受講斡旋，生業扶助等の活用による民間の職業講座の受講奨励，一般の職業相談・紹介の実施，の5つのメニューがある。

(2)　「福祉から就労」支援事業（2011年～2012年）　　「生活保護受給者等就労支援事業」による就労支援を発展的に強化し，2011年から事業名を「福祉から

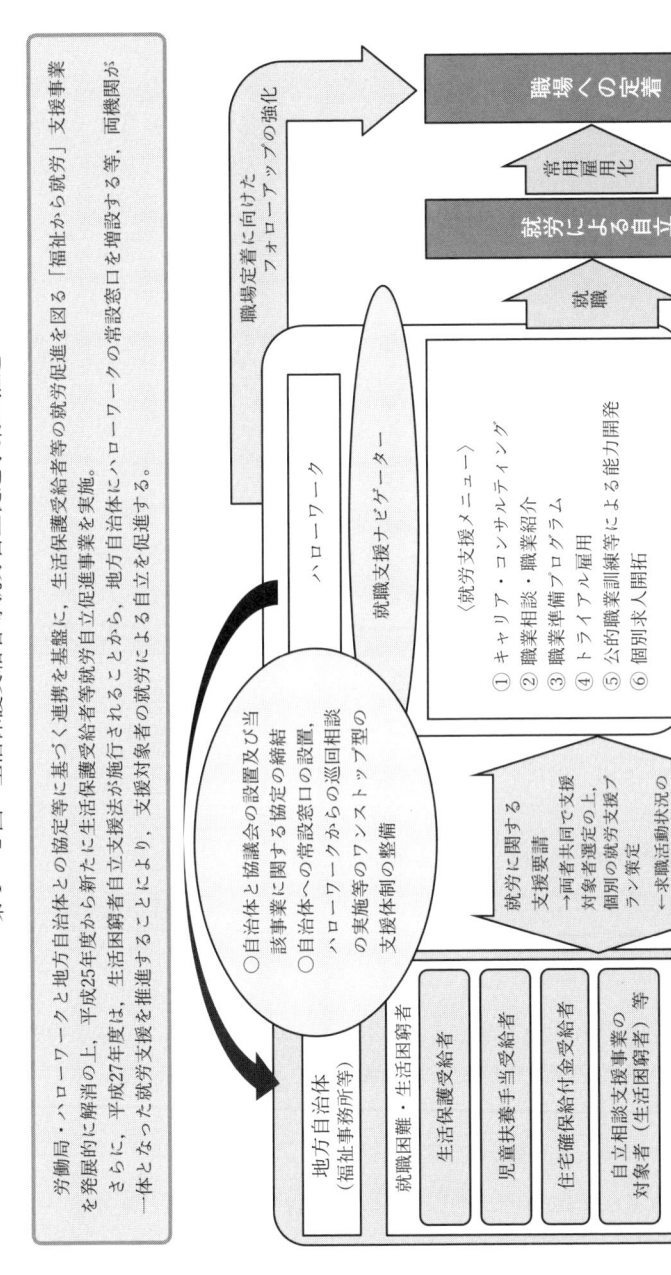

第 1 − 2 図　生活保護受給者等就労自立促進事業の推進

労働局・ハローワークと地方自治体との協定等に基づく連携を基盤に、生活保護受給者等の就労促進を図る「福祉から就労」支援事業を発展的に解消の上、平成25年度から新たに生活保護受給者等就労自立促進事業を実施。
さらに、平成27年度は、生活困窮者自立支援法が施行されることから、地方自治体にハローワークの常設窓口を増設する等、両機関が一体となった就労支援を推進することにより、支援対象者の就労による自立を促進する。

- 地方自治体
  (福祉事務所等)
  - 就職困難・生活困窮者
  - 生活保護受給者
  - 児童扶養手当受給者
  - 住宅確保給付金受給者
  - 自立相談支援事業の対象者(生活困窮者) 等

○自治体と協議会の設置及び当該事業に関する協定の締結
○自治体への常設窓口の設置、ハローワークからの巡回相談等のワンストップ型の支援体制の整備

就労に関する支援要請
→両者共同で支援対象者を選定の上、個別の就労支援プランを策定
←求職活動状況の提供・共有化

○的確な就労に関する助言
→給付の適正化の実現

- ハローワーク
  - 就職支援ナビゲーター
    〈就労支援メニュー〉
    ① キャリア・コンサルティング
    ② 職業相談・職業紹介
    ③ 職業準備プログラム
    ④ トライアル雇用
    ⑤ 公的職業訓練等による能力開発
    ⑥ 個別求人開拓

職場定着に向けたフォローアップの強化

就職 → 就労による自立 → 常用雇用化 → 職場への定着

生活困窮者の就労支援技法の開発

出典) 厚生労働省資料。

就労」支援事業に変更した。自治体とハローワークが協定を締結（協定内容は互いの役割分担，支援対象者数及び事業目標等），対象者は生活保護受給者，児童扶養手当受給者，住宅手当受給者で就労能力，就労意欲を有し，就労阻害要因がなく，早期な適切な就労支援で自立の可能性が見込める者，とこれまでより拡大された。

（3）生活保護受給者等就労自立促進事業（2013年～）（第1－2図）　「福祉から就労」支援事業を発展的に解消したもので，対象者を生活困窮者に拡大，自治体にハローワーク常設窓口を設置し（巡回も含め），ひとつの窓口でさまざまな相談を受けられるワンストップ型の支援体制を整備し就労支援体制を強化している。2016年度は常設窓口の増設を決めている。

（4）自治体独自の就労支援プログラム　　国は就労要件を満たした者を支援するハローワークとの連携の就労支援プログラムの他に，自治体独自の就労支援プログラムの実施を求めている。それに応じて各福祉事務所は，ハローワークOBの就労支援専門員の配置や外部委託を進めてきている。これに対し国は，自治体が実施しやすいよう補助金を支給している。また自治体独自のプログラムは何らかの就労阻害要因を抱えた者も対象に支援を行ってきている。

（5）就労意欲喚起等支援事業（2009年度から実施）　　就労意欲や生活能力・就労能力が低いなどの理由から，就労支援プログラムになじまない，就労に向けた課題をより多く抱える受給者を対象にして，福祉事務所が社会福祉法人，NPO等の事業者に委託し，実施している事業である。これにもとづいて，就労支援プログラム対象外の人が生活リズムを取り戻す日常生活支援等を受け，職場体験講習や短時間就労を経て一般就労し自立した事例も見られる。

5.　強化される就労支援と課題
（1）就労可能な被保護者の就労・自立支援の基本方針（平成25年5月通知）
稼働能力がある等新規開始後，一定期間内に就労自立が見込まれる者を対象

に，原則6か月以内の一定期間を活動期間とし，受給者主体の自立に向けた計画的な取組みについての確認を行い，本人の納得を得て集中的な就労支援を実施する。

　自ら積極的に就労活動に取り組んでいる者に対して活動内容や頻度等を踏まえて就労活動促進費（月額5000円支給（原則6か月，最長1年））の支給。

(2) 就労自立給付金（平成26年7月施行）　　改正生活保護法に盛り込まれた。保護脱却後に生じる税等の負担増を緩和し，保護脱却のインセンティブとするとともに，脱却後の不安定な生活を支え，再度生活保護に至ることなく着実に自立してもらうことを目的としたものである。安定した職業に就いたこと等により保護を必要としなくなったと認めた者が支給対象であり，保護廃止後に一括支給される（単身世帯10万円，多人数世帯15万円が上限）。

(3) 被保護者就労支援事業（平成27年4月実施）（第1-3図）　　今まで各自治体が独自に行ってきた就労支援事業は，重要な役割を果たしてきた。そこでその事業を，生活困窮者自立支援法に基づく自立相談事業の一つである就労支援に相当する事業として法律上明確に位置づけ，制度化したものである。従来，地域の就労支援がバラバラに行われてきたのを連携させ，とくに就労につながりにくい40～50歳代の受給者の就労の場をつくることを意図している。

(4) 被保護者就労準備支援事業（平成27年4月実施）（第1-4図）　　就労意欲が低い者や基本的な生活習慣の課題を有する人びとは，就労に向けた課題を多く抱えている。そのような受給者に対し，就労意欲を呼び起こしたり，また普通に就労できるよう日常生活・習慣を計画的にかつ一貫して改善させる事業として実施された。これまでの「就労意欲喚起等事業」，「日常・社会生活及び就労自立総合支援事業」，「社会的な居場所づくり支援事業（被保護者就労準備支援事業に相当する就労体験，中間的就労，職場適応訓練など）」及び「居宅生活移行支援事業」をくみなおし，生活困窮者自立支援法に基づく就労準備支援事業と同じくらいの支援を受給者にも実施できるようにしたものである。

第1-3図 被保護者就労支援事業について（改正生活保護法）

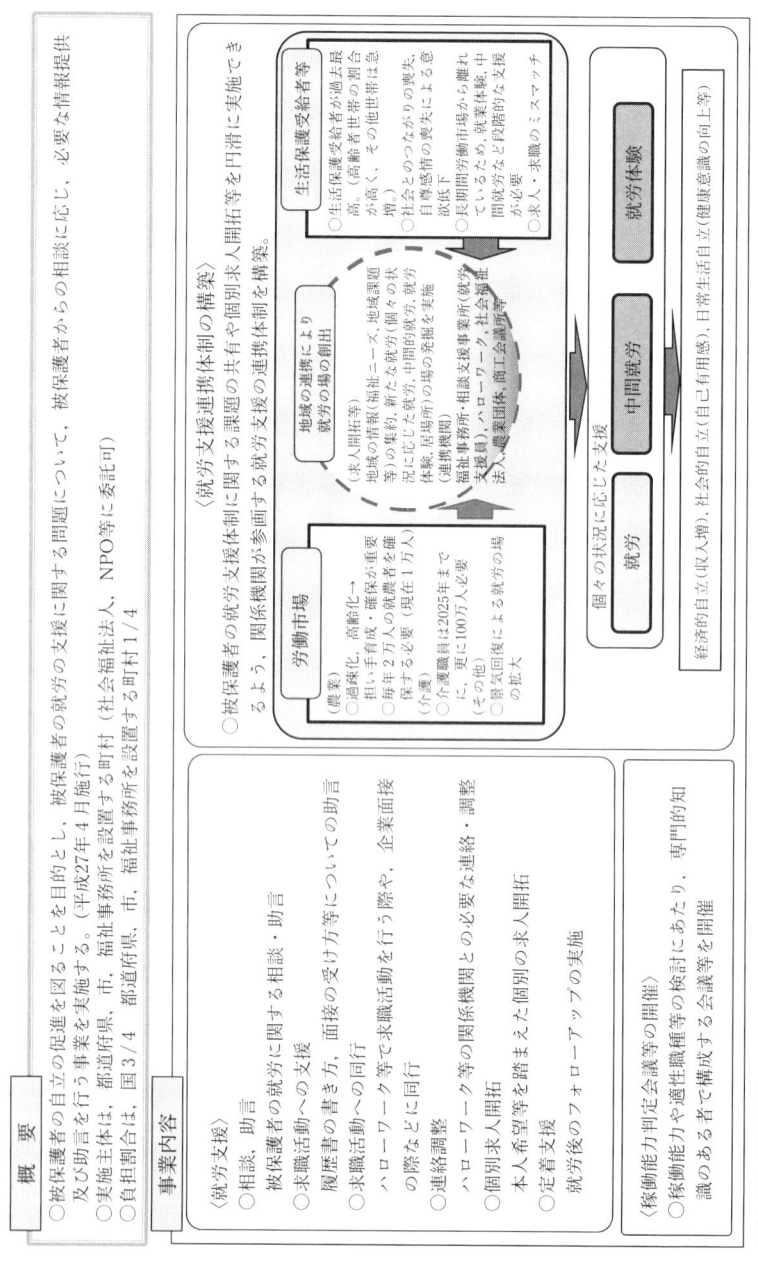

【概　要】
○被保護者の自立の促進を図ることを目的とし、被保護者の就労の支援に関する問題について、被保護者からの相談に応じ、必要な情報提供及び助言等を行う事業を実施する。（平成27年4月施行）
○実施主体は、都道府県、市、福祉事務所を設置する町村（社会福祉法人、NPO等に委託可）
○負担割合は、国3/4　都道府県、市、福祉事務所を設置する町村1/4

【事業内容】
〈就労支援〉
○相談、助言
　被保護者の就労に関する相談・助言
○求職活動への支援
　履歴書の書き方、面接の受け方等についての助言
○求職活動への同行
　ハローワーク等で求職活動を行う際や、企業面接の際などに同行
○連絡調整
　ハローワーク等の関係機関との必要な連絡・調整
○個別求人開拓
　本人希望等を踏まえた個別の求人開拓
○定着支援
　就労後のフォローアップの実施

〈稼働能力判定会議等の開催〉
○稼働能力判定や適性職種等の検討にあたり、専門的知識のある者で構成する会議等を開催

〈就労支援連携体制の構築〉
○被保護者の就労支援体制に関する共有や個別求人開拓等を円滑に実施できるよう、関係機関が参画する就労支援の連携体制を構築。

労働市場
（農業）
・過疎化、高齢化
・担い手育成、確保が重要
・毎年2万人の農業者を確保する必要（現在1万人）
（介護）
・介護職員は2025年までに、更に100万人必要
（その他）
・景気回復により就労の場の拡大

地域の連携により就労の場の創出
（求人開拓等）
地域の情報（福祉ニーズ、地域課題等）の集約、新たな就労（個々の状況に応じた就労、中間的就労、就労体験、居場所）の創設を実施

福祉事務所・相談支援事業所（就労支援員）、ハローワーク、商工会議所、農業団体、法人、企業等

生活保護受給者等
○生活保護受給者が過去最高、高齢者世帯の割合が高く、その他世帯も急増
○社会とのつながりの喪失、自尊感情の喪失による意欲低下
○長期間労働市場から離れているため、段階的な支援が必要
○求人・未就職のミスマッチ

個々の状況に応じた支援
就労 → 中間就労 → 就労体験

経済的自立（収入増）、社会的自立（自己有用感、日常生活自立（健康意識の向上等）

出典）厚生労働省資料。

第1-4図 被保護者就労準備支援事業について

〈概　要〉

- 就労意欲が低い者や基本的な生活習慣に課題を有する者など、就労に向けた課題をより多く抱える被保護者に対し、一般就労に向けた準備として、就労意欲の喚起や一般就労に従事する準備としての日常生活習慣の改善を、計画的かつ一貫して実施する。
- 実施主体は、都道府県、市、福祉事務所を設置する町村（社会福祉法人、NPO等に委託可）
- 負担割合は、国2/3、都道府県、市、福祉事務所を設置する町村1/3

〈事業内容〉

〈一般事業〉

一般就労に向けた準備段階の支援として、以下の(1)～(3)の支援を計画的かつ一貫して実施する。

(1) 日常生活自立に関する支援
適切な生活習慣の形成を促すため、規則正しい起床・就寝、バランスのとれた食事の摂取などに関する助言・指導・適切な身だしなみに関する助言、指導等を実施。

(2) 社会生活自立に関する支援
社会的能力の形成を促すため、挨拶の励行等、基本的なコミュニケーション能力の形成に向けた支援や地域の事務所でのランティア活動等の職場見学、ボランティア活動等を実施。

(3) 就労自立に関する支援
就労に向けた技法や知識の習得等を促すため、実際の職場での就労体験の機会の提供やビジネスマナー講習、キャリア・コンサルティング、模擬面接、履歴書の作成指導等を実施。

〈居宅生活移行支援事業〉

- 無料低額宿泊所を利用中の被保護者に対し、日常生活における自立支援や就労支援等を行う職員を配置し、利用者ごとに支援計画を策定したうえ、居宅生活等に向けた支援等を実施。

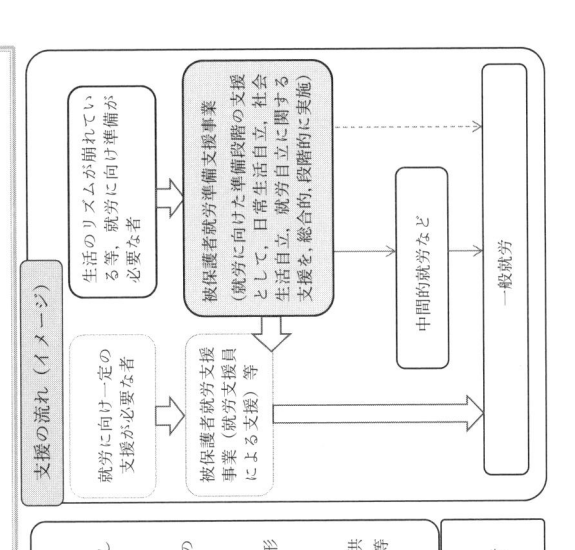

支援の流れ（イメージ）

就労に向けて一定の支援が必要な者
　↓
被保護者就労支援事業（就労支援員）等による支援

生活のリズムが崩れている者、就労に向けた準備が必要な者
　↓
被保護者就労準備支援事業（就労に向けた準備段階の支援として、日常生活自立、社会生活自立、就労自立に関する支援を、総合的、段階的に実施）

　↓
中間的就労など
　↓
一般就労

出典）厚生労働省資料。

6. 今,なぜ就労支援なのか

これまで述べてきたように,自立支援プログラムは,経済的自立だけに終わらない。日常生活や社会生活における自立をも自立と捉える。これら3つの自立は受給者の実態に合わせ組み合わせを考えていくものである。生活保護受給に至った要因はさまざまだ。単に経済的困窮だけでなく,社会的孤立など複合的な問題が絡んでいる場合が多い。就労できる人は就労することで人間関係を築き,社会の中に自分の居場所を確保し,自信を取り戻し,日々の生活に張りをもって生きていくことができる。いわば,就労は社会参加のツールなのである。

(嘉山隆司)

引用・参考文献

『保護の手引き(平成27年度版)』,第一法規。
『生活保護手帳 2015年度版』,『生活保護手帳別冊問答集2015』,中央法規出版。
「平成26年度 厚生労働省社会・援護局関係主管課長会議資料」(2015.3.9)。
「とうきょうの自治 NO88」,公益社団法人東京自治研究センター(2013.3.31)。
『新・よくわかる福祉事務所のしごと』,ぎょうせい。
『知識・技能が身につく実践高齢者介護』第6巻「介護保険再改正と報酬改定の課題」,ぎょうせい。
※実施要領:生活保護法の詳細な運用を規定した通知等をまとめたもので「生活保護手帳」として市販されている。

第2章　生活困窮者等への就労支援

1 新たな「生活困窮者自立支援制度」とは

1. 生活困窮者自立支援制度の背景

　2015年4月から生活困窮者自立支援法が施行され、全国901の福祉事務所設置自治体で新たな生活困窮者支援制度が始まった。生活困窮者支援といえば公的扶助である生活保護（最後のセーフティネット）がその中心を担ってきたが、生活保護に至らない人についての支援策は乏しかった。生活困窮者が増加する中、生活困窮者自立支援制度は「第1のセーフティネット」（雇用保険等労働保険）と生活保護の中間に位置する「第2のセーフティネット」として位置づけられている。

　本章では生活困窮者自立支援制度ができた背景、制度の内容、そして課題について述べよう。さらにひとり親世帯、高齢者、ホームレスについて対象者の特性を踏まえた支援がいかにして可能か、考えてみたい。

　国民の大多数は労働者であり、働いた収入で日々の生活を維持している。バブル崩壊後の1990年代半ばから非正規労働者が急増し、今や全労働者の実に37.4％が契約や派遣などの非正規労働者であり（総務省労働力調査　2015年平均）、民間正規労働者の473万円に対して彼らの平均年収は168万円と、3分の1弱（2014年国税庁民間給与実態調査）である。さらに、年収200万円以下のワーキングプア（働く貧困層）が24.1％で約5人に1人である、と報道されている（「しんぶん赤旗」2014年9月30日）。日本の社会保障制度は正社員を基本に設計されており、非正規労働者の中には、健康保険や厚生年金などの社会保険や雇用保険などの労働保険にも加入できない者も多い。

　非正規労働者の3人に1人は家計の支え手であり、53％が年収200万円、86％が300万円未満である。非正規労働者の4割が家計が赤字で苦しい生活を余儀なくされている。そのため約3割が貯蓄なく、貯蓄高100万円未満を合わせると54.8％にもなる（「東京新聞」2015年2月18日）。

　雇用の不安定さゆえ、ひとたびこうした人たちが失業や怪我・疾病のリスクに逢うと、自力で生活を維持することが難しくなる。中には家賃も払えずホー

ムレスになってしまうことも珍しくない。2008年のリーマンショック以降こうした事例が急増してきた。2008年の「年越し派遣村」はその象徴ともなった。生活保護世帯は1995年を底に増加に転じ，最多であった戦後の混乱期（1951年）の204万人を越え，過去最多を更新し続けている。2016年1月時点の受給世帯は163万3,301世帯，受給者数は216万3,394人になっている。こうしたことから，今までになかった支援のあり方が必要とされるようになってきているのである。

2. 生活困窮者自立支援制度までの経過

　生活保護世帯の急増に対し，2009年，国は，緊急策として，「第1のセーフティネット」である雇用保険の受給資格のない失業者などを対象に，「第2のセーフティネット」として住宅手当，求職者支援制度，総合支援貸付けなど就労支援策を講じた。しかし窓口がワンストップでなく，支給額が低く，貸付け中心のため，生活保護への流れを変えるまでには至らなかった。

　つぎに，社会保障システムを持続的に維持するため，2012年2月，社会保障・税一体改革大綱が定められ，その中で，貧困・格差対策の強化として，生活困窮者対策（既存の社会保障制度の対象とならない（あてはまらない）人たちへの包括的支援）と生活保護制度の見直しについて，総合的に取り組むための生活支援戦略策定が決まった。8月には年金・医療・介護・少子化対策などの社会保障制度改革の基本的考え方や基本方針を定めた社会保障制度改革推進法が制定され，附則第2条で生活困窮者対策及び生活保護制度の見直し（不正受給への厳格な対処，生活・医療扶助等の給付水準の適正化，就労促進，受給者の貧困の連鎖防止への支援拡充等）に取り組むことが定められた。

　2012年4月生活支援戦略を議論する「社会保障審議会生活困窮者の生活支援のあり方に関する特別部会」が設置され，2013年1月に報告書が出された。報告書を受け，国は新たな生活困窮者対策としての新法（生活困窮者自立支援法）の制定と生活保護制度見直しをまとめた。2013年12月に「生活困窮者自立支援法及び改正生活保護法」が成立した。

3. 制度の理念

(1) 制度の意義　既存の制度の隙間に置かれ，自立が困難になっているにも関わらず，生活保護に至ってない生活困窮者に対し「第2のセーフティネット」をくまなく整備し，包括的な支援体系を創設する。

(2) 制度のめざす目標　「生活困窮者の自立と尊厳の確保」(本人の主体性を尊重し，支援員が寄り添い，自信や自己肯定感，自尊感情を失っていることを考慮) 及び「生活困窮者支援を通じた地域づくり」(居場所や繋がりの形成，早期把握，見守りのための地域ネットワークの構築，包括的支援の用意，働く場や参加する場の確保，地域社会の一員として相互に支え合う地域づくりなど)

(3) 支援の形　「包括的支援」(多様で複合的な生活困窮者の課題に対応し，制度の狭間に陥らないよう関係機関と連携した支援)，「個別的支援」(適切なアセスメントを通じ，個々人に応じた適切な支援)，「継続的な支援」(自立を無理に急がせるのではなく，本人の段階に合わせ切れ目なく継続的に支援)，「分権的・創造的な支援」(地域が主体となって支援体制を創造)

4. 制度の概要

(1) 制度の対象者　対象者は「現に経済的に困窮し，最低限度の生活を維持することができなくなるおそれのある者」とされていることからみると，生活保護受給者以外の困窮者を指している。しかし，生活困窮者の多くが複合的な課題を抱えており，「制度の狭間」に陥らないよう，対象を幅広くとらえ対応することが重要であり，相談は幅広く受け付けたうえで，その後の支援については，関係機関と連携し，たらい回しという状況が生じないよう調整を図ることが重要とされている。

(2) 制度の内容（第2－1図）　実施主体は福祉事務所を設置する自治体(901)で，各事業を直営または委託（社会福祉協議会，社会福祉法人，NPO等）で実施する。以下のとおり，自治体が義務的に実施する事業（必須事業）と地

第2-1図　新たな生活困窮者自立支援制度

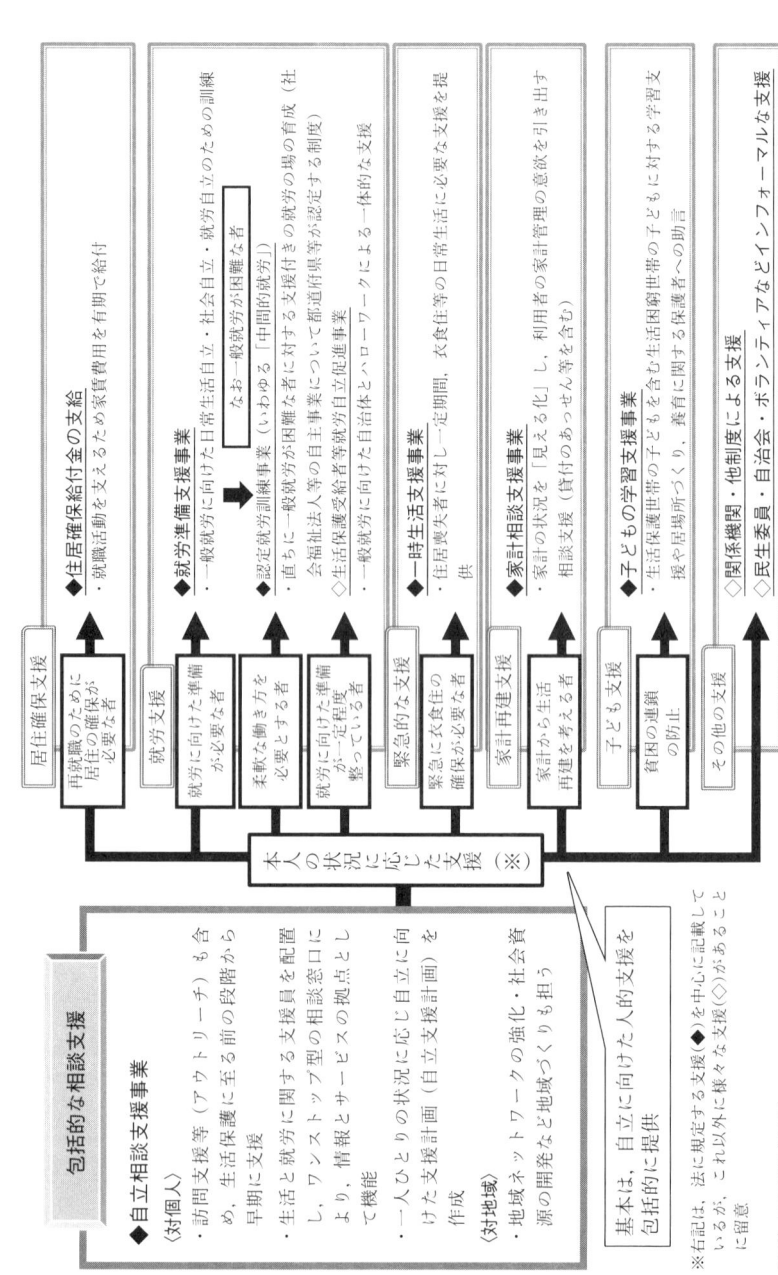

包括的な相談支援

◆ 自立相談支援事業

〈対個人〉
・訪問支援等（アウトリーチ）も含め、生活保護に至る前の段階から早期に支援
・生活と就労に関する支援員を配置し、ワンストップ型の相談窓口により、情報とサービスの拠点として機能
・一人ひとりの状況に応じ自立に向けた支援計画（自立支援計画）を作成

〈対地域〉
・地域ネットワークの強化・社会資源の開発など地域づくりも担う

基本は、自立に向けた人的支援を包括的に提供

↓ 本人の状況に応じた支援（※）

居住確保支援

再就職のために居住の確保が必要な者
→ ◆住居確保給付金の支給
・就職活動を支えるための家賃費用を有期で給付

就労支援

就労に向けた準備が必要な者
未熟な働き方を必要とする者
就労に向けた準備が一定程度整っている者
→ ◆就労準備支援事業
・一般就労に向けた日常生活自立・社会自立・就労自立のための訓練
◆認定就労訓練事業（いわゆる「中間的就労」）
・直ちに一般就労が困難な者に対する支援付きの就労の場の育成（社会福祉法人等の自主事業について都道府県等が認定する制度）
◇生活保護受給者等就労自立促進事業
・一般就労に向けた自治体とハローワークによる一体的な支援

緊急的な支援

緊急に衣食住の確保が必要な者
→ ◆一時生活支援事業
・住居喪失者に対し一定期間、衣食住等の日常生活に必要な支援を提供

家計再建支援

家計から生活再建を考える者
→ ◆家計相談支援事業
・家計の状況を「見える化」し、利用者の家計管理の意欲を引き出す相談支援（貸付のあっせん等を含む）

子ども支援

貧困の連鎖の防止
→ ◆子どもの学習支援事業
・生活保護世帯の子どもを含む生活困窮世帯の子どもに対する学習支援や居場所づくり、養育に関する保護者への助言

その他の支援

◇関係機関・他制度による支援
◇民生委員・自治会・ボランティアなどインフォーマルな支援

※表記記号は、法に規定する支援（◆）を中心に記載しているが、これ以外に様々な支援（◇）があることに留意

出典）厚生労働省資料。

第2-2図　自立相談支援事業について

事業の概要

○福祉事務所設置自治体が直営又は委託により自立相談支援事業を実施。
※委託の場合は、自治体は受託機関と連携して制度を運営。自治体は支援調整会議に参画し、支援決定を行うほか、社会資源の開発を担う。
○自立相談支援事業は、生活困窮者からの相談を受け、
　①生活困窮者の抱えている課題を評価・分析（アセスメント）し、そのニーズを把握
　②ニーズに応じた支援が計画的かつ継続的に行われるよう、自立支援計画を策定
　③自立支援計画に基づく各種支援が包括的に行われるよう、関係機関との連絡調整を実施
　等の業務を行う。

【図】
生活困窮者 → 早期把握／包括的に対応 → 相談窓口

自立相談支援事業
・包括的・継続的な支援
　総合的なアセスメント（本人の主体性と多様性を重視）
　自立生活のためのプランの作成
　支援調整会議による調整
　再アセスメントによる評価／プランの見直し
　フォローアップ → 生活困窮状態からの脱却

生活困窮者自立支援法に基づく支援
法定事業等に係る自治体の支援決定

各分野の支援事業・支援機関
法以外の支援
民生委員による見守りなどインフォーマルな支援

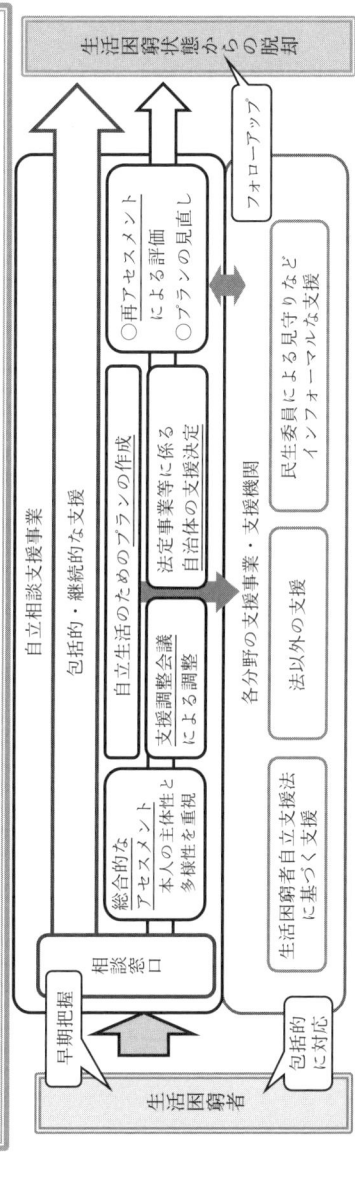

期待される効果

○生活保護に至る前の段階から早期に支援を行うことにより、生活困窮状態からの早期自立を支援。
○生活困窮者に対する相談支援機能の充実により、福祉事務所の負担軽減とともに、社会資源の活性化、地域全体の負担軽減が可能に。

出典）厚生労働省資料。

域の実情に合わせ実施できる事業（任意事業）が創設され，事業費は必須事業が国庫負担4分の3，任意事業が国庫補助2分の1～3分の2となっている。なお，学習支援事業を除き，対象は生活保護受給者以外の生活困窮者とされている。

① 自立相談支援事業（必須事業）(第2-2図)

生活困窮者が抱える多様で複合的な課題について，生活困窮者からの相談に応じ，必要な情報提供及び助言を行うとともに，生活困窮者の抱えている課題を評価・分析（アセスメント）し，ニーズに応じた自立支援計画（プラン）を作成する。プランは自治体を交えた関係者による支援調整会議を経て決定され，プランに基づく各種支援が包括的に行われるよう，関係機関との連絡調整を行う。生活困窮者の自立を支援する本制度の理念を実現するための中核的事業となる。福祉事務所設置自治体が直営または委託により実施するもので，委託の場合社会福祉協議会，社会福祉法人，NPOなどに窓口が設置される。

② 住居確保給付金（必須事業）

これは離職等により経済的に困窮し，住居を失った又は失う恐れのある生活困窮者に対し，就職活動を要件に有期（原則3か月，最大9か月）で家賃相当額（上限額は生活保護の住宅扶助特別基準額：東京都では，単身者53,700円）を支給し，就労自立を支援する制度。リーマンショック後の平成21年10月に創設された住宅支援給付（平成24年まで住宅手当と呼ばれていた）を恒久制度化したもの。収入要件，資産要件，就職活動要件がある。住居は生活の基盤であり，就職活動の欠かせない前提条件であるため，家賃分を給付するだけでなく，自立相談事業と組み合わせた支援が必要である。

③ 就労準備支援事業（任意事業　国庫補助　3分の2）(第2-3図)

社会に出ることに不安がある，就労体験が少ない，対人関係が苦手，不規則な生活を長年おくっている，就労意欲が乏しい，などの理由からすぐに職に就くことが難しい人に，6か月から1年を上限に集中的・計画的に就労に向けた訓練を行う事業。具体的には，生活習慣形成のための生活自立

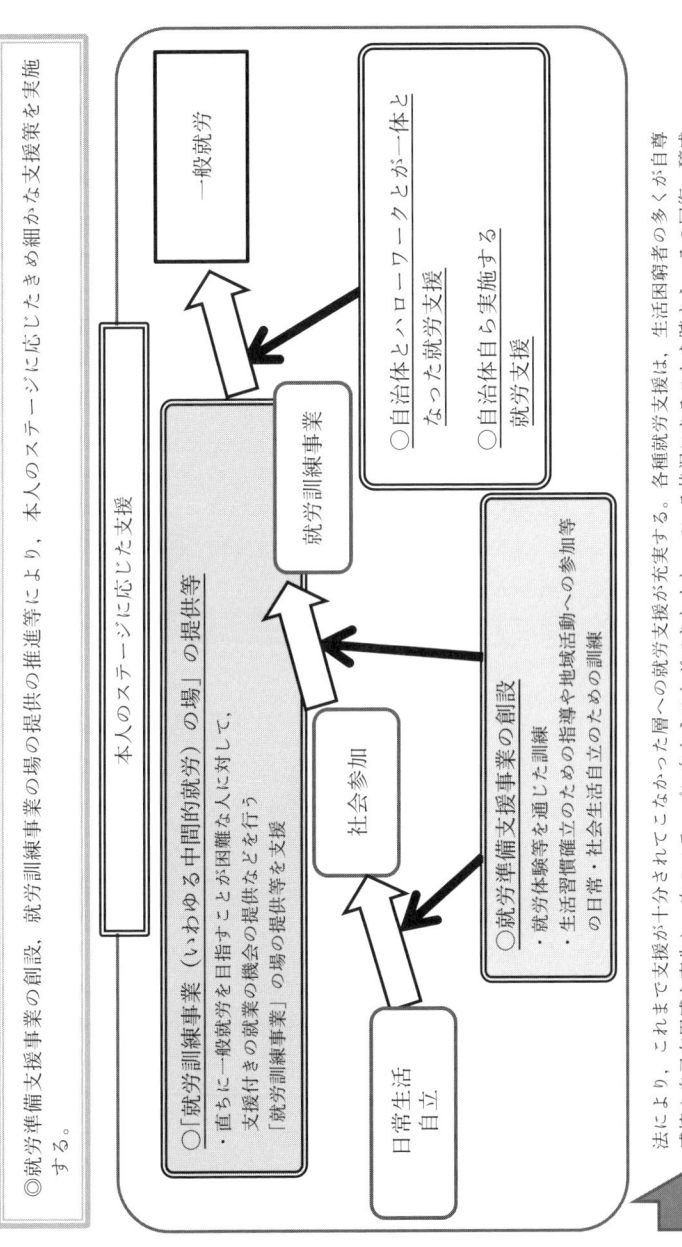

第 2 - 3 図　就労に向けた支援の充実・強化

◎就労準備支援事業の創設、就労訓練事業の場の提供の推進等により、本人のステージに応じたきめ細かな支援策を実施する。

本人のステージに応じた支援

○「就労訓練事業（いわゆる中間的就労）の場」の提供等
・直ちに一般就労を目指すことが困難な人に対して、支援付きの就業の機会の提供等を行う「就労訓練事業」の場の提供等を支援

○自治体とハローワークとが一体となった就労支援
○自治体自ら実施する就労支援

○就労準備支援事業の創設
・就労体験等を通じた訓練
・生活習慣確立のための指導や地域活動への参加等の日常・社会生活自立のための訓練

日常生活自立 → 社会参加 → 就労訓練事業 → 一般就労

法により、これまで支援が十分されてこなかった層への就労支援が充実する。各種就労支援は、生活困窮者の多くが自尊感情や自己有用感を喪失し、次のステップに向かうことができなくなっている状況にあることを踏まえ、その回復・醸成を図りながら行う。

出典）厚生労働省資料。

支援，挨拶の励行など基本的コミュニケーション能力形成，など社会自立支援，事業所での就労体験や模擬面接の実施・履歴書の作成指導など一般雇用への就職活動に向けた技法や知識の取得，などの就労自立支援を，生活困窮者の状況に応じて段階的に行う。

④　就労訓練事業（いわゆる「中間的就労」：任意事業）(第2−4図)

就労準備支援事業による支援だけでは一般就労に繋がらない人もおり，こうした人にはその人にあった支援付き就労の場を提供し，中・長期的支援を通じて一般就労を可能にすることが必要である。就労訓練事業は，一般の事業所では雇用による就業を継続して行うことが困難な生活困窮者を対象に，社会福祉法人・NPO法人・営利企業等の自主事業として実施される軽易な作業等の機会（清掃，リサイクル，農作業等）の提供と併せ，個々人の就労支援プログラムに基づき，就労支援担当者による一般就労に向けた支援を中・長期的に行う事業である。事業実施に際し，都道府県等が事業を認定する仕組みになっている。

⑤　一時生活支援事業（任意事業　国庫補助　3分の2）

ホームレス対策として実施されてきたホームレス緊急一時宿泊事業（シェルター）及びホームレス自立支援センターの運用を踏まえ制度化したもので，所得が一定水準以下の住居のない生活困窮者に対し，原則3か月間（最大で6か月間）宿泊場所や衣食の提供を行う。自立相談支援事業と組み合わせ，就労支援などを行い，退去後は再路上化を防止するため適切なアフターケアを実施する。ホームレスのみならず，ネットカフェ，サウナ等で起居する不安定な居住形態にある人も対象に含む。

⑥　家計相談支援事業（任意事業　国庫補助　2分の1）

生活困窮者の多くは家計に関し何らかの課題を抱えており，単に金銭給付や貸付けを行い，一時的に経済的困窮状態の解消を図るだけでは生活再建には至らない実態がある。家計の視点から必要な情報提供や専門的支援を行い，相談者自身の家計管理能力を高め，早期の生活再生をめざす事業。具体的には，1　家計票等を活用し，家計収支等に関する課題の評価・分析（アセスメント）と相談者の状況に応じた支援プランの作成，2　家計

第2-4図 就労訓練事業(いわゆる中間的就労)の推進について

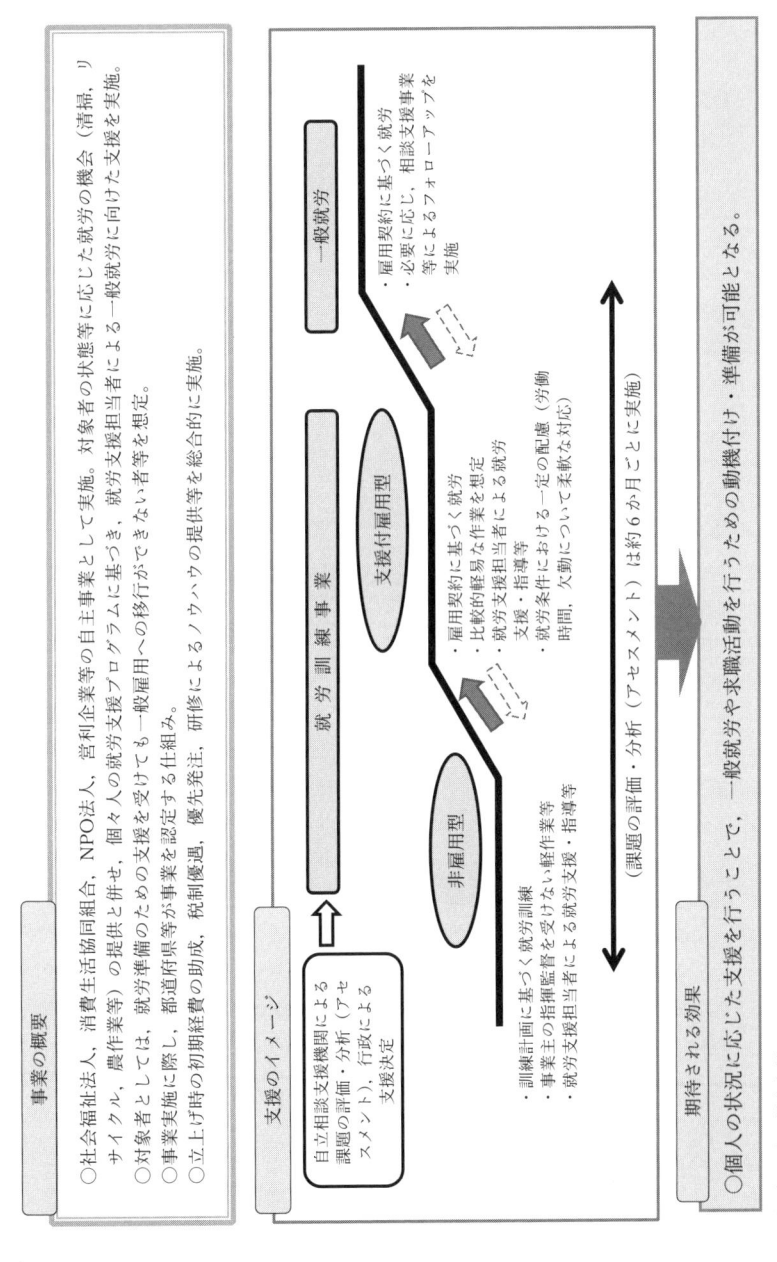

事業の概要

○社会福祉法人、消費生活協同組合、NPO法人、営利企業等の自主事業として実施。対象者の状態等に応じた就労の機会(清掃、リサイクル、農作業等)の提供と併せ、個々人の就労支援プログラムに基づき、就労支援担当者による一般雇用への移行に向けた支援を実施。
○対象者としては、就労準備のための支援を受けても、一般雇用への移行ができない者等を想定。
○事業実施に際し、都道府県等が事業を認定する仕組み。
○立上げ時の初期経費の助成、税制優遇、優先発注、研修によるノウハウの提供等を総合的に実施。

支援のイメージ

自立相談支援機関による
課題の評価・分析(アセスメント)、行政による
支援決定

就労訓練事業
　非雇用型　　　支援付雇用型　　　一般就労

非雇用型:
・訓練計画に基づく就労訓練
・事業主の指揮監督を受けない軽作業等
・就労支援担当者による就労支援・指導等

支援付雇用型:
・雇用契約に基づく就労
・比較的軽易な作業を想定
・就労支援担当者による就労
支援・指導等
・就労条件における一定の配慮(労働時間、欠勤等について柔軟な対応)

一般就労:
・雇用契約に基づく就労
・必要に応じ、相談支援事業
等によるフォローアップを
実施

(課題の評価・分析(アセスメント)は約6か月ごとに実施)

期待される効果

○個人の状況に応じた支援を行うことで、一般就労や求職活動を行うための動機付け・準備が可能となる。

出典)厚生労働省資料。

再建に向けたきめ細かい相談支援（公的制度の利用支援，家計票の作成等），③法テラス等の関係機関との連携（債務整理等）④必要に応じた貸付けのあっせん等を行う。

家計相談支援は自立相談支援機関が本人とともに作成するプランに位置づけられるものであり，自立相談支援事業との連携が不可欠である。

⑦　子どもの学習支援事業（必須事業　国庫補助　2分の1）

貧困の連鎖の防止のため，生活保護受給世帯を含む生活困窮世帯の子どもに対し，各自治体が地域の実情に応じ，学習支援や居場所づくり，養育相談や学び直しの機会の提供等行う。平成26年度においては184自治体で進路相談，中退防止のための支援を含む学習支援や居場所の提供（日常生活習慣の形成・社会性の育成のための支援等）の取り組みが実施されている。

5.　制度の課題

厚労省の2015（平成27）年4月1日現在の調査では，901自治体のうち就労準備支援事業など4つの任意事業を1つも実施してない自治体が45％もあり，事業別実施自治体数は，子どもの学習支援300（33.2％），就労準備支援253（28.0％），一時生活支援172（19.0％），家計相談支援205（22.7％）となっている。2016年度の実施予定自治体数は，子どもの学習支援470（52％），就労準備支援414（46％），一時生活支援243（27％），家計相談支援387（43％）となっている（「厚労省生活困窮者自立支援制度全国担当者会議資料」2015年9月14日）。

生活困窮者が抱える多様で複合的な課題については，任意事業も組み合わせた包括的支援が必要とされるが，制度の狙い通り運用されてない実態が浮き彫りになっている。

背景には財源問題もあり，熱心に取り組む自治体ほど負担が大きくなっているのが実情である。任意事業の国庫補助を必須事業と同じにする等，自治体のインセンティブを高めることが求められている（子どもの学習支援は2014年度までは全額が国の予算で賄われてきたが，新しい生活困窮者自立支援法では2分の1が自治体負担）。

また，「就労訓練事業」が行われる場は，一定条件を満たした認定事業者に

限るとされているが，就労訓練（非雇用型）の位置づけから労働基準関係法令の適用対象外となり，最低賃金が保障されず，貧困ビジネスなど制度が悪用されかねない，との懸念もあり，自治体のチェック機能が求められる。

実施が最も少ない任意事業の「一時生活支援事業」について，住居喪失者が少ない自治体は広域的取り組みを検討し実施することが求められている。

生活困窮者自立支援法の対象者は要保護者（現に生活保護を受けているといないにかかわらず保護を必要とする状態にある者）以外の生活困窮者と規定されており，相談者の実情に配慮し，保護が必要な場合には，確実に生活保護につなぐことが重要である。

2　ひとり親家庭への支援

1.　ひとり親世帯の現状

国政調査（2010年）では母子家庭は約108万世帯あり，2005年調査に比べ17％増加している。いっぽう，父子世帯は22.3万世帯で平成18年時の24.1万世帯と比べ微減している（平成23年度厚労省全国母子世帯等調査結果）。母子世帯となった理由は離婚（80.8％）が最も多く，未婚時の出産（7.8％），死別（7.5％）となっている。2013（平成25）年の国民生活基礎調査によれば母子家庭の平均所得は243.4万円で，全世帯平均537.2万円の約45％しかない。所得内訳は稼働所得が179万円（73.5％）で児童扶養手当等社会保障給付金が20.2％である。また，貯蓄なしが36.5％（全世帯平均16％）で，84.7％が（全世帯平均59.9％）が生活の苦しさを訴えている。

就業状況ではひとり親家庭の母の約8割，父の約9割が就労しており，非正規が母で約5割，父で約1割となっている。就労してないひとり親も，母の約9割，父の約8割が就労を希望しているが就業できていない（「平成23年度厚労省全国母子世帯等調査結果」）。

子どもの貧困率は16.3％と過去最悪で，17歳以下の子どもの6人に1人が貧困状態にあるが，母子家庭など「ひとり親世帯」の子どもの貧困率は54.6％と2人に1人を超えており，より深刻な事態になっている。ちなみに相対的貧困

率は16.1%である（2013年国民生活基礎調査）。

このように，ひとり親家庭は，子育てと生計をひとりで担う不利を抱え，苦しい生活を強いられながら，非正規雇用など厳しい環境の中で働いているといえよう。

2. ひとり親家庭への総合的支援

これまでの支援策は児童扶養手当による経済的援助が中心であったが，平成14年の母子及び寡婦福祉法，児童扶養手当法の改正により「就業・自立に向けた総合的支援」へと施策が強化された。具体的には，①子育てと生活支援，②就業支援，③養育費確保支援，④経済的支援を自治体が総合的展開することとなった。平成26年には母子及び寡婦福祉法（母子及び父子並びに寡婦福祉法に改称）が改正され（平成26年10月施行），さらに児童扶養手当法の改正（平成26年12月施行）により，ひとり親家庭支援施策が強化（父子家庭への支援も法律に明記）された。

具体的には，ひとり親家庭への総合的・包括的支援を行うためのワンストップ型相談窓口の整備や，支援体制の充実，広報啓発活動の促進などによる支援施策周知の強化，父子家庭等への支援の拡大，児童扶養手当と公的年金等との併給制限の見直し（公的年金を受給できる場合は児童扶養手当を支給しないことになっていたが，公的年金を受給した場合でも，その額が児童扶養手当額に満たない場合にはその差額が支給される）である。

3. 就業相談・就職支援

母子家庭等に対する主な就業支援は以下のとおりである。

（1）ハローワーク　　子育て中の女性が就職をする時のサポートをするのがマザーズハローワークである。また，ハローワークの中にマザーズコーナーなどを設置し，子ども連れでも来所しやすい環境を整備し，きめ細やかな職業相談・職業紹介等総合的かつ一貫した支援を行っている。

（2）**母子家庭等就業・自立支援センター**　2003（平成15）年から母子家庭の母及び父子家庭の父等に対し，就業相談から就業支援講習会，就職情報等一貫した就業支援サービスや養育費相談など地域生活を支援する生活支援サービスを提供している（実施主体は都道府県・政令指定都市・中核市）。

（3）**母子・父子自立支援員**　都道府県や市（特別区含）・福祉事務所設置町村に配置されており，就労も含め母子家庭等の抱えている問題を把握し，その解決に必要な助言や情報提供を行う。平成26年の母子及び寡婦福祉法改正により，父子家庭も支援対象であることを明確にするため，母子自立支援員は「母子・父子自立支援員」に改称された。

（4）**就業支援専門員**　母子・父子自立支援員に加え，平成26年度から自治体に配置された。母子・父子自立支援員と協同し，就労中のひとり親に対し，より好条件の就業の実現を目標とする支援を，未就労のひとり親に対しては就業阻害要因の除去から就業の実現を目標に，ハローワークや母子家庭等就業・自立支援センター等の関係機関と連携し支援する。

（5）**母子自立支援プログラム**　児童扶養手当受給者の自立を促進するため，個々のケースに応じた自立支援プログラムを策定する事業。2005年度（平成17年）から始まり，福祉事務所等に配置された母子自立支援プログラム策定員が母子・父子自立支援員等と連携し個別の面接により，生活状況や就労意欲，資格取得の希望などを把握しきめ細やかな自立支援プログラムを策定する。これをもとに母子家庭等就業・自立支援センターや生活保護受給者等就労自立促進事業などを利用して就業に結びつける。

4. 職業能力開発
　就労に必要な技術や知識を学ぶためのプログラムや給付の事業。

（1）**準備講習付き職業訓練**　母子家庭自立支援プログラムに基づく就労支

援を受ける母子家庭の母を対象に、就職準備段階としてのビジネスマナー講習等「準備講習」と、実際の就職に必要な技術・知識を習得する「職業訓練」を行う。

（２）求職者支援制度（申込先：ハローワーク）　雇用保険を受給できない求職者への無料職業訓練及び訓練中の生活費を給付する制度。

（３）自立支援教育訓練給付金（申込先：自治体）　雇用保険が適用されない母子家庭の母又は父子家庭の父が、自治体が指定する教育訓練講座を受講し、終了した場合にその受講料の一部（上限10万円）が支給される。

（４）高等技能訓練促進費（申込先：自治体）　母子家庭の母又は父子家庭の父が看護師、准看護師、保育士、介護福祉士、理学療法士、作業療法士等経済的自立に効果的な資格を取得するために２年以上修業する場合、全期間（上限３年）を通じて生活費が支給される。対象となる資格は都道府県の長が定める。

5.　雇用・就業機会の拡大（母子家庭等の母等を雇用する事業主に対する支援）
（１）特定求職者雇用開発助成金　母子家庭等の母等をハローワーク等の紹介により雇い入れた事業主に対し賃金の一部を助成。

（２）試行雇用（トライアル雇用）奨励金　母子家庭等の母等をハローワークの紹介により試行雇用（３か月以内）する事業主に対して月額４万円を支給。

6.　母子家庭の母への就業支援の課題
　非正規雇用は全労働者の37.4％にもなり、とりわけ女性の非正規率は男性より高く、賃金格差が存在する中で母子家庭の母が正社員として雇用され、安定的に生活していくうえには厳しい実態がある。賃金・労働条件の改善はもとより、常用雇用の就職率が高い資格取得や教育訓練の拡充、保育・学童等子育て・学習支援の拡充、タイムリーな情報提供など相談・支援体制の周知等を強

化することが必要である。

3　高齢者への就労支援

1. 高齢者の現状

（1）急速に進む高齢化　65歳以上の高齢者は過去最多の3,296万人（（総人口の25.9%　前年比＋0.9ポイント）であり，平成47年には総人口の33.4%，75歳以上人口は20.0%となり，3人に1人が65歳以上，5人に1人が75歳以上の見込み（2014年9月15日時点総務省推計）。

（2）高齢者世帯の所得，貯蓄状況　高齢者世帯の年間所得は309.1万円で全世帯平均537.2万円の57%程度だが，世帯人員一人当たりでみると，高齢者世帯では平均世帯人員が少ないため，全世帯平均との間に大きな差はみられない（高齢者世帯約197万円，全世帯約平均203万円）。所得内訳は公的年金・恩給が68.5%，稼働所得18%だが，「年金収入のみ」の世帯が57.8%にのぼっている。

貯蓄額をみると，0円が全世帯の16.8%，200万円未満が13.5%である一方，2,000万円以上が18.7%で，平均では1,268.1万円で全世帯平均（1,047万円）を上回っている（平成25年国民生活基礎調査）。平成26年国民生活基礎調査では高齢者世帯の25.7%が150万円未満との結果が出ている。

所得の大半を占める年金は，国民年金では満額（40年）かけた場合，月額6万5,008円，厚生年金（夫婦二人分の老齢基礎年金を含む標準的年金額）は22万1,504円だ（2016年度）。2012年の厚労省「年金制度基礎調査」では，老齢年金受給者（有効回答1万3,495人）の平均受給年額は男性180万7,000円だが，100万円未満が26.2%，女性は平均98万6,000円で，100万円未満が6割を超えている（「読売新聞」2015年7月10日）。

相対的貧困率は男女とも高齢期に上昇する傾向にあり，総じて男性より女性の貧困率は高く，その差は高齢期になるとさらに拡大していると指摘されているように，資産だけでなく年金においても格差が拡大している実態が明らかである。

さらに無年金者も42万人と推計されている（「東京新聞」2014年12月5日）。このように高齢者の貧困は深刻な問題であり、高齢者にとって生活を支える雇用の確保はますます重要になってきている。

2. 高齢者の雇用確保のための公的施策

少子高齢化により日本の労働力人口は減少の一途をたどり、いっぽう、労働力人口に占める65歳以上の割合は上昇する。2004年労働力人口（6,642万人）に占める65歳以上は490万人、2014年は6,587万人に対し696万人（10.6%）で、高齢者が労働力の担い手として、ますます重要になってきている。ちなみに就業者総数（6,351万人）における65歳以上の割合は10.7%（681万人）(2004年480万人）で増加傾向にある（総務省2014年労働力調査）。

年金支給年齢の繰り上げにより、さらに高齢者の生活は厳しくなる。これまでの高齢者に対する国の取組みをあげてみよう。

①　定年延長等による雇用確保──国の法整備による雇用確保

「中高年齢者雇用促進法（中高年齢者等の雇用の促進に関する特別措置法）」1971（昭和46）年

中高年者にふさわしいとされる職種について事業主に一定割合以上の中高年齢者（45歳以上）の雇用を努力義務とする雇用率制度の導入。

「中高年齢者雇用促進法改正」1976（昭和51）年

55歳以上の高年齢者雇用率制度を設け、6%以上が事業主の努力義務と定められた。

「高年齢者等の雇用の安定等に関する法律（高年齢者雇用安定法）に改編。1986（昭和61）年

定年を定める場合は60歳以上の「努力義務」が明記。

「高年齢者雇用安定法改正」2004（平成16）年

年金（厚生年金定額部分）支給開始年齢引上に伴う高齢者の雇用確保。

65歳まで定年年齢の引上げ、継続雇用制度の導入（再雇用制度・勤務延長制度等）、定年制廃止のいずれかの措置をとることを事業主に義務づけた。

「高齢者雇用安定法」「再改正」2012（平成24）年

厚生年金報酬比例部分（老齢厚生年金）が2013年から2025年にかけ支給年齢の引上げが行われた。それにより無年金・無収入となる者を生じさせないよう，継続雇用制度の対象者を限定できる仕組みの廃止を明記。

② 再就職支援

ハローワーク等

中高年職業相談・求人開拓強化，募集・採用時における年齢制限原則禁止に関する指導。

中高年齢者試行雇用奨励金（中高年齢者トライアル雇用奨励金）

中高年者を常用雇用者への移行を前提として試行的に受け入れ就職させる事業主に対して助成（45歳以上，期間3か月，月額4万円）を行う。

特定求職者雇用開発助成金

高年齢者（60～65歳未満）の就職困難者をハローワークの紹介で継続雇用する事業主や，65歳以上離職者を1年以上継続雇用する事業主に賃金の一部を助成（一人当たり50万円，中小企業90万円）する。

高年齢者雇用安定助成金

高年齢者の雇用のための環境整備や中高年齢者の労働移動に対する支援。

シルバー人材センター

高年齢者の希望に応じた多様な就業機会を確保していくため，定年退職後等に，地域社会に根ざした臨時的且つ短期的又は軽易な就業を通じた社会参加を希望する高年齢者に対して，その希望に応じた就業機会を確保・提供する事業。2014年3月末現在，全国に1,268団体，会員数約73万人。

高年齢者就労総合支援事業

全国の主要なハローワークに高年齢者総合相談窓口を設置し，職業生活の再設計に向けた支援やナビゲーターによる担当者制の就労支援等を行う。

3. 就労支援の課題

(1) 就労の動機，就労希望年齢，就労形態　　内閣府の「高齢期に向けた備えに関する意識調査　2013年」（対象：2013年10月1日現在35歳～64歳の男女）」によると，60歳以降の就労を希望する理由として，「生活費を得たい76.7%」，

「自由に使えるお金がほしい41.4%」,「仕事を通じて友人・仲間を得ることができる28.9%」,「生きがいが得られるから28.9%」,「健康にいいから23.5%」。また高齢期に必要になると思う生活費「平均24.1万円」,高齢期に受け取れると思う年金額「平均17.9万円」となっている。

また60歳以降の収入を伴う就労の意向と就労希望年齢について,65歳くらいまでが31.4%,70歳くらいまでが20.9%,75歳くらいまでが3.7%,76歳以上が0.1%,働けるうちはいつまでもが25.1%,60歳以降は仕事をしたくない11.7%で,70歳までの就労希望が約半数となっている。

希望する就労形態はパートタイム(短時間勤務などの社員,嘱託)が53.8%,フルタイムの社員24.2%,自営業・個人事業主・フリーランス15.9%となっている。

(2)実態にあった就労支援を　　このような多様な就労ニーズを充たす就労に結びつくよう,生活困窮者自立支援制度の自立相談事業の総合的アセスメントや支援プラン作成などの機能を有する専門相談機関の設置や,高齢者の能力が活かせ,かつ企業にとっても戦力になるような仕事の開拓を行うことが求められている。

単身高齢者が増加する中,一般就労だけでなく,地域の中で生き生きと暮らせるような「居場所」や「生きがい」としての就労支援も視野に入れる必要がある。

4　ホームレスへの生活・就労支援

1.　ホームレスを取り巻く現状

(1)ホームレスとは　　ホームレスの自立の支援等に関する特別措置法(平成14年制定)は「都市公園,河川,道路,駅舎その他の施設を故なく起居の場とし,日常生活を営んでいる者」(第2条)をホームレスと規定し,いわゆる「野宿・路上生活者」に限定している。

しかし,2008年のリーマンショック前後から,安定した住居を失い,友人宅,

会社寮，カプセルホテル，ネットカフェ，漫画喫茶等を転々としながら非正規社員など不安定雇用にしか就けない人たちが増え，仕事を求め都市部に来るケースが顕著になってきた。

　NPO法人ホームレス支援全国ネットワークなどが実施した「広義のホームレスの可視化と支援策に関する調査」はこうした不安定な居住実態にある人を「広義のホームレス」と定義し，2010年度1年だけで4万1000人が「広義のホームレス」として生み出され，生活保護やホームレス自立支援事業等を利用し居宅移行など，脱ホームレスを果たしたと推計している。4万もの人が「狭義のホームレス」に至ることを回避できたことになる。

（2）ホームレスの実態調査　　厚生労働省のホームレスの実態に関する全国調査（2015.1）ではホームレス数は6,541人（男性6,040人，女性206人，不明295人）で昨年比△967人（△12.9％）と毎年減少している。ホームレスの自立の支援等に関する特別措置法が制定された平成14年に2万5,296人だったホームレス数が，この10年間で3分1に減少している。地域別では大阪府（1,657人），次いで東京都（1,498人），神奈川県（1,204人）の順に多く，東京23区及び政令指定都市で全国のホームレス数の約4分3を占めている。

　平成24年の国の生活実態調査では60歳以上が5割強，平均年齢が59.3歳で野宿期間の長期化も進んでおり，路上生活から脱却を希望しない人も3割いる。実態調査は主に巡回での目視調査で，主に定住型の野宿者を調査対象としているため，今後の調査でも高齢化，長期化が顕著に出てくると思われる。支援団体からはホームレスの定義，調査手法に問題があり，広義のホームレスの実態を調査し実効性ある政策を打ち出すべき，との指摘もされている。

2．ホームレスへの自立支援

（1）ホームレス自立支援事業による支援　　就労意欲のある人，就労阻害要因がない人には，大都市地域を中心に全国に25か所設置された「自立支援センター」に入所し，生活・就労支援を受けながら一定期間のうちに就労をめざす（単身男性が対象）。

（2）生活保護による支援　　生活保護を申請した人や働くことが困難な人（疾病，高齢等）には生活保護を適用し，当面の宿泊先を確保する。その後，居宅生活が可能な人にはアパートを確保し居宅化を進め，直ちに居宅生活をおくることが困難である場合（日常生活，社会生活に問題がある）には保護施設（生活保護法の更生施設等）入所を勧め日常・社会生活自立をめざす。

　当面の宿泊先としては，民間宿泊所，簡易宿所（通称ドヤ）等の臨時的宿泊施設があげられる。家族世帯・単身女性は生活保護法の宿所提供施設や公的宿泊所を利用し生活を安定させ，アパート入居により，自立をめざすことになる。

3.　ホームレス支援の課題

（1）　住居確保　　ホームレスに至った経過や抱えている問題（社会的孤立，貧困等）を受け止め，必要な支援をタイムリーに行うことが重要であり，それが本人の意欲喚起にも繋がる。そのために，生活や就労の基盤である住居を確保することがまず必要である。ホームレスが住居を確保する仕組みとしては，1自立支援センターからの住居確保，2生活保護を受給しアパート転宅，3総合支援貸付けを受けてのアパート転宅，がある。新たに生活困窮者自立支援制度の「一時生活支援事業」が制度化されており，4として，「一時生活支援事業」利用から住居確保，の方策があれば，早期自立に有効に機能するだろう。

（2）　就労支援　　低学歴で就労体験も少なく，対人関係も苦手などの理由から不安定雇用を転々としているような人には，安定した就労を確保するため，生活困窮者自立支援制度の「就労準備支援事業」との連携が必要だ。

（3）　地域生活定着支援　　ホームレスはたとえ住居を確保しても社会的に孤立しがちである。脱ホームレスを果たした人がホームレス状態に戻ってしまわないよう，地域での定着支援としての訪問サポート（服薬管理，金銭管理や話し相手などの生活支援，就労支援などトータル的サポート）を行っている自治体もある。

（嘉山隆司）

引用・参考文献

平成26年度社会・援護局関係主管課長会議資料「生活困窮者自立支援法の施行について」、平成27年3月9日（厚労省社会・援護局地域福祉課生活困窮者自立支援室）。
『生活困窮者自立支援法「自立相談支援事業」従事者養成研修テキスト』、中央法規出版。
『新・よくわかる福祉事務所のしごと』ぎょうせい。
「ひとり親家庭の支援について」厚労省雇用均等・児童家庭局家庭福祉課（平成26年3月）。
母子及び寡婦福祉法の改正等について〜ひとり親家庭の支援〜」厚労省雇用均等・児童家庭局家庭福祉課自立支援室。
「高年齢者の活躍促進について」(厚生労働省　平成25年11月11日)。
「ホームレス状況の広範化と脱ホームレス支援の実績とその評価」広義のホームレスの可視化と支援策に関する調査チーム（厚生労働省2010年度社会福祉推進事業）2011年12月作成。
『MINERVA社会福祉士養成テキストブック「就労支援」』、ミネルヴァ書房。

第3章　障害者分野の就労支援

1 障害者福祉施策における就労支援と専門スタッフの使命

1. 障害者総合支援法に基づく事業の概要と現状

（1）事業概要　　障害者福祉施策における就労支援にかんする諸事業は，障害者総合支援法により規定されている。第3－1図にその事業の概観を示す。

　事業は大きく「介護給付」「訓練等給付」「自立支援医療」「補装具」「地域生活支援事業」に分類できるが，就労支援にかんする事業は，主として「訓練等給付」の「就労移行支援事業」と「就労継続支援事業（A型・B型）」によってサービスが提供されている。

（2）就労支援の対象となる障害者数　　障害者に対する就労支援のあり方を考えていく上で，まず対象となる障害者数を見よう。第3－2図は平成26年度の一般就労への移行の現状をまとめたものである。

　稼働年齢層（18歳～64歳）の障害者約324万人のうち，企業等に雇用されているのは約45.3万人であるが，平成26年度に特別支援学校卒業生からの一般企業への就職が約 28.8%（5,909人），障害福祉サービスから一般企業への就職が4.5%（10,920人）である。ハローワークからの紹介就職件数は84,602件であることから，障害者就業・生活支援センター等による在宅障害者の就職支援の実績が大きいことがわかる。

（3）「就労移行支援事業」と「就労継続支援事業（A型・B型）」との比較　　この「就労移行支援事業」と「就労継続支援事業（A型・B型）」の事業について一覧にまとめたものが，第3－1表である。

　「就労移行支援事業」は，就労を希望する65歳未満の障害者で，通常の事業所に雇用されることが可能と見込まれる者を対象としている。そのため，いわゆる民間企業への就職（民間企業との雇用契約の締結）を利用期間である2年（1年間の延長可）のうちに達成することを使命とする事業である。

　「就労継続支援事業A型」は，通常の事業所に雇用されることは困難だが，

第3−1図　障害者総合支援法の給付・事業

市町村

介護給付　第28条第1項
- 居宅介護
- 重度訪問介護
- 同行援護
- 行動援護
- 療養介護
- 生活介護
- 短期入所
- 重度障害者等包括支援
- 施設入所支援

訓練等給付　第28条第2項
- 自立訓練（機能訓練・生活訓練）
- 就労移行支援
- 就労継続支援
- 共同生活援助

自立支援医療　第5条第22項
- 更生医療
- 育成医療
- 精神通院医療

補装具　第5条第23項

自立支援給付　第6条
★原則として国が1/2負担

→ 障害者・児

地域生活支援事業　第77条第1項等
- 相談支援
- 移動支援
- 福祉ホーム
- コミュニケーション支援、日常生活用具
- 地域活動支援センター　等

★国が1/2以内で補助

都道府県　第78条
- 広域支援
- 人材育成　等

※自立支援医療のうち育成医療と、精神通院医院医療の実施主体は都道府県等

出典）厚生労働省。

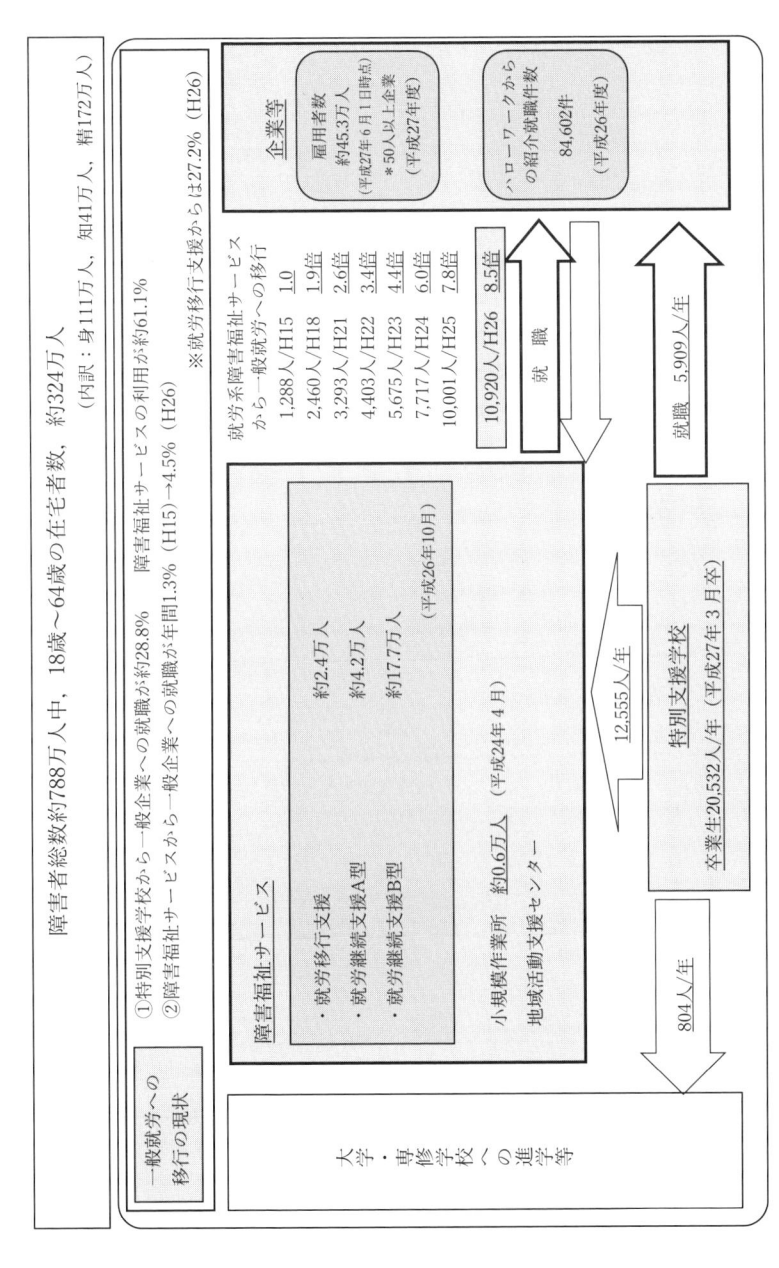

第3-2図 就労支援施策の対象となる障害者数

障害者総数約788万人中、18歳〜64歳の在宅者数、約324万人
(内訳:身111万人、知41万人、精172万人)

一般就労への移行の現状

①特別支援学校から一般企業への就職が約28.8% 障害福祉サービスの利用が約61.1%
②障害福祉サービスから一般企業への就職が年間1.3%(H15)→4.5%(H26)
※就労移行支援からは27.2%(H26)

障害福祉サービス
- 就労移行支援　　　約2.4万人
- 就労継続支援A型　約4.2万人
- 就労継続支援B型　約17.7万人

(平成26年10月)

小規模作業所　約0.6万人(平成24年4月)
地域活動支援センター

大学・専修学校への進学等

特別支援学校　卒業生20,532人/年(平成27年3月卒)

就労系障害福祉サービスから一般就労への移行
1,288人/H15	1.0
2,460人/H18	1.9倍
3,293人/H21	2.6倍
4,403人/H22	3.4倍
5,675人/H23	4.4倍
7,717人/H24	6.0倍
10,001人/H25	7.8倍
10,920人/H26	8.5倍

12,555人/年
804人/年
就職 5,909人/年

企業等

雇用者数
約45.3万人
(平成27年6月1日時点)
*50人以上企業
(平成27年度)

ハローワークからの紹介就職件数
84,602件
(平成26年度)

出典)厚生労働省。

第3章 障害者分野の就労支援　71

第3-1表 障害者総合支援法における就労系障害福祉サービス

	就労移行支援事業	就労継続支援A型事業	就労継続支援B型事業
事業概要	就労を希望する65歳未満の障害者で、通常の事業所に雇用されることが可能と見込まれる者に対して、①生産活動、職場体験等の活動の機会の提供その他の就労に必要な知識及び能力の向上のために必要な訓練、②求職活動に関する支援、③その適性に応じた職場の開拓、④就職後における職場への定着のために必要な相談等の支援を行う。 (利用期間：2年) ※市町村審査会の個別審査を経て、必要性が認められた場合に限り、最大1年間の更新可能	通常の事業所に雇用されることが困難であり、雇用契約に基づく就労が可能である者に対して、雇用契約の締結等による就労の機会の提供及び生産活動の機会の提供その他の就労に必要な知識及び能力の向上のために必要な訓練等の支援を行う。 (利用期間：制限なし)	通常の事業所に雇用されることが困難であり、雇用契約に基づく就労が困難である者に対して、就労の機会の提供及び生産活動の機会の提供その他の就労に必要な知識及び能力の向上のために必要な訓練その他の必要な支援を行う。 (利用期間：制限なし)
対象者	①企業等への就労を希望する者	①就労移行支援事業を利用したが、企業等の雇用に結びつかなかった者 ②特別支援学校を卒業して就職活動を行ったが、企業等の雇用に結びつかなかった者 ③企業等を離職した者等就労経験のある者で、現に雇用関係の状態にない者	①就労経験がある者であって、年齢や体力の面で一般企業に雇用されることが困難となった者 ②50歳に達している者又は障害基礎年金1級受給者 ③①及び②に該当しない者で、就労移行支援事業者等によるアセスメントにより、就労面に係る課題等の把握が行われている者
報酬単価	711単位（平成27年4月～） ※利用定員が21人以上40人以下の場合	519単位（平成27年4月～） ※利用定員が21人以上40人以下の場合	519単位（平成27年4月～） ※利用定員が21人以上40人以下の場合
事業所数	3,120事業所 (国保連データ平成28年1月)	3,109事業所 (国保連データ平成28年1月)	9,892事業所 (国保連データ平成28年1月)
利用者数	30,376人 (国保連データ平成28年1月)	55,736人 (国保連データ平成28年1月)	206,837人 (国保連データ平成28年1月)

出典）厚生労働省。

雇用契約に基づく就労は可能である者を対象としている。いわば，民間企業等への就職が達成できない（または離職した）人を，いわゆる福祉的就労の場において雇用する事業である。この事業は，障害福祉サービスの利用契約と共に雇用契約をも締結することになる。雇用契約には労働法規（労働基準法，最低賃金法等）が適用されることになる。

「就労継続支援事業B型」は，通常の事業所に雇用されることが困難であり，雇用契約に基づく就労も困難である者を対象としている。これらの人びとに，福祉的就労の場において生産活動（いわゆる仕事）の提供をする事業である。

ただし，就労継続支援事業（A型・B型）においても，一般就労をめざすことが求められていないわけではない。平成25年度には31.8%のA型事業所，20.5%のB型事業所から1人以上の民間企業へ就職者が出ている。

(4)「就労移行支援事業」の事業概要　　就労移行支援事業の報酬単価を示したものが，第3－3図である。事業所の定員規模により基本報酬単位が異なる。基本単位に前年度までの事業成果や配置スタッフの保有資格等により加算（事業全体に算定される体制加算と対象利用者により算定される個別加算とがある）された単位に，利用実績（開所日に実利用した利用者の1か月間の延べ人数）を乗じたものが合計報酬単位となる。

事業所の所在市区町によるが概ね1単位10円である。

なお「就労定着支援体制加算」（一般就労移行後，6か月以上就労している者の利用定員に占める割合が一定以上の場合，就労継続期間に応じた単位数を加算）が21〜146単位となっているが，実際は就労継続期間が6か月〜12月か未満，12か月〜24か月未満，24か月〜36か月未満の合算となるため0〜376単位の幅で評価される。

(5)「就労移行支援事業」の一般就労移行率　　就労移行支援事業は，一般就労等への移行に向けて，事業所内や企業における作業や実習，適性に合った職場探し，就労後の職場定着のための支援等を実施することがその使命である。

第3－4図は，その支援成果である一般就労への移行率の推移をまとめたも

第3章　障害者分野の就労支援　　73

第3-3図 就労系障害福祉サービス 就労移行支援

○対象者
一般就労等を希望し、知識・能力の向上、実習、職場探し等を通じ、適性に合った職場への就労等が見込まれる障害者 (65歳未満の者)

○サービス内容
- 一般就労等への移行に向けて、事業所内や企業における作業や実習、適性に合った職場探し、就労後の職場定着のための支援等を実施
- 通所によるサービスを原則としつつ、個別支援計画の進捗状況に応じ、職場訪問等によるサービスを組み合わせ
- 利用期間 (24か月) 内で利用期間を設定

○主な人員配置
- サービス管理責任者
- 職業指導員　　　} 6:1 以上
- 生活支援員
- 就労支援員　　　→ 15:1 以上

○報酬単価 (平成27年4月〜)

基本報酬

就労移行支援サービス費 (I) 通常の事業所が支援を行った場合、定員数に応じて報酬を算定	20人以下	804単位/日
	21人以上40人以下	711単位/日
	41人以上60人以下	679単位/日
	61人以上80人以下	634単位/日
	81人以上	595単位/日
就労移行支援サービス費 (II) あん摩マッサージ指圧師等養成施設として認定されている事業所が支援を行う場合、定員数に応じて報酬を算定	20人以下	524単位/日
	21人以上40人以下	467単位/日
	41人以上60人以下	437単位/日
	61人以上80人以下	426単位/日
	81人以上	412単位/日

主な加算

就労定着支援体制加算　21〜146単位
⇒一般就労へ移行した後、継続しての月上以上、12か月以上又は24か月以上就労している者が、定員の一定割合以上いる場合に加算

移行準備支援体制加算 (I)、(II)　41、100単位
⇒ I：施設外支援として職員が同行し、企業実習等の支援を行った場合
⇒ II：施設外就労として、請負契約を結んだ企業内で業務を行った場合

就労支援関係研修修了加算　11単位
⇒就労支援関係の研修修了者を就労支援員として配置した場合

福祉専門職員配置等加算 (I)、(II)、(III)　15、10、6単位
⇒ I：社会福祉士等資格保有者が常勤職員の35%雇用されている場合
⇒ II：社会福祉士等資格保有者が常勤職員の25%雇用されている場合
⇒ III：常勤職員が75%以上又は勤続3年以上が30%以上の場合

食事提供体制加算、送迎加算、訪問加算等
⇒他の福祉サービスと共通した加算も、一定の条件を満たせば算定可能

○事業所数　3,120 (国保連平成28年1月実績)　　○利用者数　30,376 (国保連平成28年1月実績)

出典 厚生労働省。

第3-4図 就労移行支援事業による一般就労への移行率別の施設割合の推移

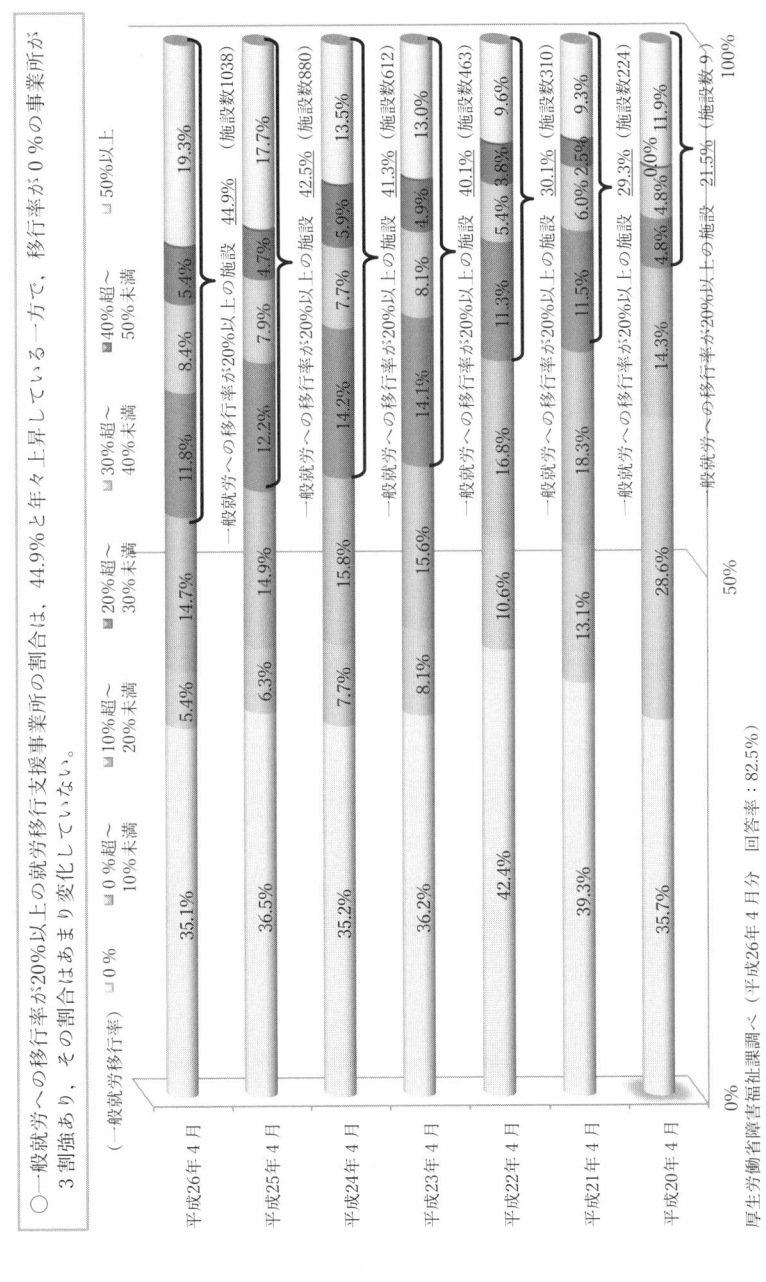

○一般就労への移行率が20%以上の就労移行支援事業所の割合は、44.9%と年々上昇している一方で、移行率が0%の事業所が3割強あり、その割合はあまり変化していない。

年度	0%	0%超～10%未満	10%超～20%未満	20%超～30%未満	30%超～40%未満	40%超～50%未満	50%以上	一般就労への移行率が20%以上の施設	施設数
平成26年4月	35.1%	5.4%	14.7%	11.8%	8.4%	5.4%	19.3%	44.9%	1038
平成25年4月	36.5%	6.3%	14.9%	12.2%	7.9%	4.7%	17.7%	42.5%	880
平成24年4月	35.2%	7.7%	15.8%	14.2%	7.7%	5.9%	13.5%	41.3%	612
平成23年4月	36.2%	8.1%	15.6%	14.1%	8.1%	4.9%	13.0%	40.1%	463
平成22年4月	42.4%	10.6%	16.8%	11.3%	5.4%	3.8%	9.6%	30.1%	310
平成21年4月	39.3%	13.1%	18.3%	11.5%	6.0%	2.5%	9.3%	29.3%	224
平成20年4月	35.7%	28.6%	14.3%	4.8%	4.8%	0.0%	11.9%	21.5%	9

厚生労働省障害福祉課調べ（平成26年4月分 回答率：82.5%）

出典）厚生労働省。

第3章 障害者分野の就労支援

のであるが，一般就労への移行率が20％以上の就労移行支援事業所の割合は，年々上昇し，約4割で推移している一方で，移行率が0％の事業所が3割強あり，その割合はあまり変化していないことがわかる。事業所を取り巻く環境などにより，障害者の就職が進みにくい実態があると思われるが，1年間の支援を通じて1人も就職できていないことは，就労移行支援事業所が抱える大きな課題である。

(6)「就労継続支援事業（A型）」の事業概要　　就労継続支援事業A型の報酬単価を示したものが，第3－5図である。事業所の定員規模により基本報酬単位が異なり，基本単位に前年度までの事業成果や配置スタッフの保有資格等により加算された単位に，利用実績を乗じたものが合計報酬単位となるのは，移行支援事業と同様である。

　ただし，スタッフの最低配置基準である10：1（利用者10人に対してスタッフ1名）を上回り，7.5：1で配置した場合は，基本報酬単位は上がる。

(7)「就労継続支援事業（A型）」の課題――サービスの質の向上　　就労継続支援事業A型の利用者，事業所数の近年の伸びは著しい（第3－2表参照）。これは従来の福祉事業は社会福祉法人によるものとされていたものが，第2種社会福祉事業については株式会社やNPO法人でも参入可能となったことによる。多様な経営主体による福祉の充実が期待されたからである。しかしながら事業報酬は1日単位であったことから所定労働時間が8時間であっても1時間であっても報酬は同額であったため，利用者本人の希望や能力にかかわらず，事業者が利用時間（就労時間）を短時間に設定したり，労働施策による各種雇用関係助成金の受給期間が過ぎると利用契約を解除したりという問題が指摘されるようになったのである。これが「短時間利用の問題」である。そのため，第3－6図で示すような短時間利用減算が導入されることとなった。

　またA型は，障害福祉サービスの利用契約と共に雇用契約をも締結するわけだが，それは通常の事業所に雇用されることが困難である理由，すなわち働く場における支援や作業時間以外の生活支援に手厚い個別支援が求められるから

第 3 - 5 図 就労系障害福祉サービス 就労継続支援 A 型

○対象者

就労機会の提供を通じ、生産活動にかかる知識及び能力の向上を図ることにより、雇用契約に基づく就労可能な障害者（利用開始時、65歳未満の者）

○サービス内容

- 通所により、雇用契約に基づく就労の機会を提供するとともに、一般就労に必要な知識、能力が高まった者について、一般就労への移行に向けて支援
- 一定の範囲内で事業形態により、障害者以外の雇用が可能
- 多様な事業形態により、10人からの事業実施が可能、障害者の利用定員を確保できるよう、定員数に応じて算定する
- 利用期間の制限なし

○主な人員配置

- サービス管理責任者
- 職業指導員 ⎫
  生活支援員 ⎭ 10：1以上

○報酬単価（平成27年4月～）

基本報酬

就労継続支援A型サービス費 (Ⅰ)	20人以下	584単位/日
	21人以上40人以下	519単位/日
職業指導員及び生活支援員の総数が常勤換算方法で7.5：1以上の配置がとられている場合、定員数に応じて算定する	41人以上60人以下	487単位/日
	61人以上80人以下	478単位/日
	81人以上	462単位/日
就労継続支援A型サービス費 (Ⅱ)	20人以下	532単位/日
	21人以上40人以下	474単位/日
職業指導員及び生活支援員の総数が常勤換算方法で10：1以上の配置がとられている場合、定員数に応じて算定する。	41人以上60人以下	440単位/日
	61人以上80人以下	431単位/日
	81人以上	416単位/日

＋

主な加算

- 就労移行支援体制加算　26単位
  ⇒一般就労等へ移行した後、継続して6か月以上就労している者が前年度において定員の5％を超えている場合
- 施設外就労加算　100単位
  ⇒一定基準を満たし、企業内等で作業を行った場合
- 重度者支援体制加算（Ⅰ）、（Ⅱ）　22～56単位
  ⇒前年度における障害基礎年金1級を受給する利用者が一定以上いる場合、重度者の割合と定員数に応じて算定
- 福祉専門職員配置加算（Ⅰ）、（Ⅱ）、（Ⅲ）　15、10、6単位
  ⇒Ⅰ：社会福祉士等資格保有者が常勤職員の35％雇用されている場合
  ⇒Ⅱ：社会福祉士等資格保有者が常勤職員の25％雇用されている場合
  ⇒Ⅲ：常勤職員が75％以上又は勤続3年以上の常勤職員が30％以上の場合
- 食事提供体制加算、送迎加算、訪問加算等
  ⇒他の福祉サービスと共通した加算も一定の条件を満たせば算定可能

○事業所数　3,109（国保連平成28年1月実績）　○利用者数　55,736（国保連平成28年1月実績）

出典）厚生労働省。

第3章　障害者分野の就労支援　77

第3-2表　就労継続支援A型の利用者数・事業所数の推移

	利用者数（前年比伸び率）	事業所数（前年比伸び率）
平成23年10月	16,703	930
平成24年10月	24,431（46.3%）	1,368（47.1%）
平成25年10月	33,213（35.9%）	1,857（35.7%）
平成26年10月	43,680（31.5%）	2,431（30.9%）
平成28年1月	55,736（27.6%）	3,109（27.9%）

出典）国保連データから筆者作成。

である。株式会社等新規に福祉事業に参入した事業主を排除することなく、多様な障害者のニーズに応える支援手法を共に考え試行錯誤をくり返していくことが求められると言えよう。

(8)「就労継続支援事業（B型）」の事業概要　就労継続支援事業B型の報酬単価を示したものが、第3-7図である。事業所の定員規模により基本報酬単位が異なり、基本単位に前年度までの事業成果や配置スタッフの保有資格等により加算された単位に、利用実績を乗じたものが合計報酬単位となるのは、移行支援事業と同様である。

またスタッフの最低配置基準である10：1を上回り、7.5：1で配置した場合は、基本報酬単位は上がるのは、A型と同様である。目標工賃達成加算は、B型独自の加算である。

(9)「就労継続支援事業（B型）」の課題～支払工賃の向上　我が国における福祉的就労のスタンダードとなる事業であり、その利用者数は、平成28年1月の国保連データでは、就労移行支援30,376人、就労継続支援A型55,736人に対してB型は206,837人である。A型同様、B型も利用者数及び事業所数は、毎年増加している。

通所により、就労や生産活動の機会を提供（雇用契約は結ばない）するとともに、一般就労に必要な知識、能力が高まった者は、一般就労等への移行に向

第3-6図 就労継続支援A型における短時間減算の見直し（平成27年度報酬改定）

○就労継続支援A型については、依然として短時間利用の問題が指摘されていることから、減算の仕組みを見直すとともに、減算割合を強化する。
○なお、予期せぬ状況等により、短時間利用となることがやむを得ない者の利用が妨げられないよう配慮する。

従来の短時間利用減算の仕組み

○過去3か月間において、雇用契約を締結している利用者の1週間当たりの利用時間が週20時間未満となっている利用者（短時間利用者）の占める割合が、現員数の50%以上である場合に基本報酬を減算する。

○減算割合
・短時間利用者の割合が50%以上80%未満
　⇒所定単位数の90%を算定（10%減算）
・短時間利用者の割合が80%以上
　⇒所定単位数の75%を算定（25%減算）

○例外規定はなし。

↓

見直し後の短時間利用減算の仕組み

○過去3か月間における雇用契約を締結している利用者について、事業所の1日当たりの平均利用時間を算出し、当該平均利用時間に応じて基本報酬を減算する。

○減算割合
・平均利用時間が0時間以上1時間未満
　⇒所定単位数の30%を算定（70%減算）
・平均利用時間が1時間以上2時間未満
　⇒所定単位数の40%を算定（60%減算）
・平均利用時間が2時間以上3時間未満
　⇒所定単位数の50%を算定（50%減算）
・平均利用時間が3時間以上4時間未満
　⇒所定単位数の75%を算定（25%減算）
・平均利用時間が4時間以上5時間未満
　⇒所定単位数の90%を算定（10%減算）

○予期せぬ状況等により、短時間利用となることがやむを得ない者については、平均利用時間の算出から除外する。

出典）厚生労働省。

第3-7図　就労系障害福祉サービス　就労継続支援B型

○対象者

就労移行支援事業を利用したが一般企業等の雇用に結びつかなかった者や、一定年齢に達している者などであって、年齢や体力の面で雇用されることが困難となった者及び就労の機会等を通じ、生産活動にかかる知識及び能力の向上や維持が期待される障害者
①企業等や就労継続支援事業（A型）での就労経験がある者であって、年齢や体力の面で雇用されることが困難となった者
②50歳に達している者または障害基礎年金1級受給者
③①及び②に該当する者であって、就労移行支援事業者によるアセスメントにより、就労面に係る課題等の把握が行われている者

○サービス内容

- 通所により、就労や生産活動の機会を提供（雇用契約は結ばない）するとともに、一般就労に必要な知識、能力が高まった者は、一般就労等への移行に向けて支援
- 平均工賃が工賃控除程度の水準（月額3,000円程度）を上回ることを事業者指定の要件とする
- 事業者は、平均工賃の目標水準を設定し、実績と併せて都道府県知事へ報告、公表
- 利用期間の制限なし

○報酬単価（平成27年4月～）

基本報酬

就労継続支援B型サービス費(Ⅰ)	20人以下	584単位/日
職業指導員及び生活支援員の総数が常勤換算方法で7.5:1以上配置されている場合。定員数に応じて算定する。	21人以上40人以下	519単位/日
	41人以上60人以下	487単位/日
	61人以上80人以下	478単位/日
	81人以上	462単位/日
就労継続支援B型サービス費(Ⅱ)	20人以下	532単位/日
職業指導員及び生活支援員の総数が常勤換算方法で10:1以上の配置がとられている場合。定員数に応じて算定する。	21人以上40人以下	474単位/日
	41人以上60人以下	440単位/日
	61人以上80人以下	431単位/日
	81人以上	416単位/日

○主な人員配置

- サービス管理責任者
- 職業指導員 ｝ 10:1以上
  生活支援員

＋

主な加算

就労移行支援体制加算　13単位
⇒一般就労へ移行した後、継続して6月以上就労している者が前年度において定員の5％を超えている場合

施設外就労加算　100単位
⇒一定の基準を満たし、企業内等で作業を行った場合

重度者支援体制加算（Ⅰ）、（Ⅱ）　22～56単位
⇒前年度における障害基礎年金1級を受給する利用者が一定以上いる場合、重度者の割合に応じて算定

食事提供体制加算、送迎加算、訪問加算、
他の福祉サービスと共通した加算も一定の条件を満たせば算定可能

目標工賃達成加算（Ⅰ）、（Ⅱ）、（Ⅲ）　69、59、32単位
⇒Ⅰ：都道府県の最低賃金の2分の1以上の工賃を達成した場合等
⇒Ⅱ：都道府県の最低賃金の3分の1以上の工賃を達成した場合等
⇒Ⅲ：都道府県の平均工賃以上の工賃を達成した場合等
※就労継続支援B型固有の加算

○事業所数　9,892（国保連平成28年1月実績）　○利用者数　206,837（国保連平成28年1月実績）

出典）厚生労働省。

けて支援することがその使命である。

平均工賃が工賃控除程度の水準（月額3,000円程度）を上回ることが事業者指定の要件となっているが，この指定要件を下回る事業所も存在する。

B型事業所の平均工賃の推移を見ると平成18年度は12,222円であった。第3－8図に示すように成長力底上げ戦略（平成19年2月）に基づく「『福祉から雇用へ』推進5か年計画」の一環として全ての都道府県で「工賃倍増5か年計画」が実施された。平均工賃は，5年間で11.2%増であり，倍増には至らなかった（平成23年度：13,586円）。

「工賃倍増5か年計画」における課題を踏まえ，全ての事業所において「工賃向上計画」を作成し，PDCAサイクルにより工賃向上に取り組む「工賃向上計画」が平成24年度から実施された。平成26年度の平均工賃は14,838円になっている。

平成27年度以降は平成29年度までの3か年を対象期間とした計画が都道府県単位で策定されている（平成30年度以降も3か年毎の計画を策定することとなっている）。

(10)「就労継続支援事業（B型）」の課題〜工賃以外の評価指標　　さて，B型事業所は福祉的就労のスタンダードである，と前に述べたが，その事業成果を測定する指標は「工賃」だけでよいのだろうか。自立のために所得保障は不可欠ではある。より高い所得により豊かな生活に近づけるだろう。しかしB型の対象者にある「企業等や就労継続支援事業（A型）での就労経験がある者であって，年齢や体力の面で雇用されることが困難となった者」に福祉的就労の場を提供すること自体もB型事業所の使命である。

またこのような人が福祉的就労の場で「働く」のは何のためか。後にくわしく述べるが，「自分の時間を誰かの喜びに変えることが，働くということ。その報酬として返ってくるものの一部がお金である」ということから，働いた結果が報酬（工賃や給料）であるならば，働く目的は何になるであろうか。障害者の働く目的や，お金以外の報酬についてB型事業の評価指標として追求する必要があろう。

第3-8図　平成27年度以降の工賃向上計画について

工賃倍増5か年計画（平成19～23年度）

○成長力底上げ戦略（平成19年2月）に基づく「福祉から雇用へ」推進5か年計画の一環として実施。
○全ての都道府県で「工賃倍増5か年計画」を作成し、官民一体となって取り組むことにより、5年間で平均工賃の倍増を目指すもの。
○各事業所における計画の作成は任意。
○平均工賃は、5年間で11.2%増であり、倍増には至らず（平成18年度：12,222円⇒平成23年度：13,586円）。

工賃向上計画（平成24～26年年度）

○工賃倍増5か年計画における課題を踏まえ、全ての事業所において「工賃向上計画」を作成し、PDCAサイクルにより工賃向上に取り組むこととした。
○市町村及び地域レベルでの関係者の理解や連携体制が重要であることから、市町村においても事業所の取組を積極的に支援するよう明記。
○平成25年度の平均工賃は14,437円（各事業所が掲げた平成26年度の平均工賃の目標値は15,773円）。

平成27年度から引き続き工賃向上計画を策定し、就労継続支援B型事業所等における工賃向上に取り組む

平成27年度以降の工賃向上計画

○平成27年度から平成29年度の3か年を対象期間とした計画を策定（都道府県）
※平成30年度以降についても、3か年を1サイクルとした計画を策定することにより、継続的な取組を実施
○現行の「工賃向上計画」を推進するための基本的な指針」について、基本的な内容は継続しつつ、事業所における計画の対象期間等を改正。

出典）厚生労働省。

2. 専門スタッフの役割と使命

（1）サービス管理責任者　　平成18年10月から施行された障害者自立支援法（平成24年4月からは障害者総合支援法）に基づく障害福祉サービスの事業体系においては，人員基準や運営基準が規定されている。この中に障害福祉サービスの質の確保のために一定の実務経験と研修受講を経た「サービス管理責任者」の配置が義務づけられている。

サービス管理責任者は，サービス利用契約に先立ち個々の利用者のニーズ把握（アセスメント），個別支援計画の作成，定期的な見直し（モニタリング）を行い，サービス提供全般に責任を担う。就労支援においては，とくに障害福祉サービス事業所の中だけで支援が完結することは少なく，ハローワーク，障害者就業・生活支援センター等との連携や生活支援における家庭，地域との連携が重要である。そのためサービス管理責任者には幅広いネットワーク（人脈）を切り開いていく力が求められる。

「働くことで誰かを幸せにする能力」は，単なる「作業能力」より幅広いものであるから，就労支援においてサービス管理責任者に求められるアセスメント力（いまだ発揮されていない能力の芽を発見し，その成長を信じること）への期待は大きい。障害者の日常の姿をよく見ればこのような，誰かを幸せにする能力，は誰にも備わっているものである。サービス管理責任者は，個別支援計画をたてるにあたって，万一，そうした力を発見できない時には，アセスメントのやり方が充分でないから，またうすい関係しか結べていないから，個々の利用者のニーズに応えられていないのだと思うべきなのである。

（2）相談支援専門員　　障害者総合支援法により規定されている事業の中で，就労支援にかんする事業と密接に関係するのが，地域生活支援事業の一つ，「相談支援事業」である。

地域に散在する福祉サービスの資源を結びつけ，関係者が互いに調整をし，チームとして支援にとりくむこと。障害者のニーズに応える上で欠かせないのはこの点だ。これが「サービス等利用計画」であり，この作成こそ，相談支援事業の中心的な役割の一つである。また「サービス等利用計画」は，市町村に

よる障害福祉サービスの支給決定の根拠に位置づけられ，平成27年度以降は，すべての利用者の支給決定前に「サービス等利用計画」の作成が義務づけられている。このサービス利用支援（サービス等利用計画の作成，支給決定後の計画の見直し（モニタリング））は，計画相談の一環として「特定相談支援事業所」が担う。また地域移行支援（住居の確保，同行支援等）や地域定着支援（緊急時対応等の支援）は，地域相談支援の一環として「一般相談支援事業所」が担う。

サービス管理責任者同様，相談支援専門員も一定の実務経験と研修受講を経た資格が必要である。

2 障害者雇用施策における就労支援と専門スタッフの使命

1. 障害者雇用促進法に基づく制度の概要と現状

（1）制度概要　　障害者雇用施策における就労支援にかかる諸事業は，障害者雇用促進法により規定されている。第3－9図はその概要を示したものである。

障害者雇用促進の基本的な枠組みは，事業主（障害者を雇う人）に向けた「雇用義務制度」「納付金制度」と，障害者本人に向けた「職業リハビリテーションの実施」である。

雇用義務制度とは，事業主に対し，障害者雇用率（法定雇用率）に相当する人数の障害者の雇用を義務づけるものである。

納付金制度とは，障害者の雇用に伴う事業主の経済的負担の調整を図ることを目的に，雇用率未達成の事業主からは障害者雇用納付金を徴収し，雇用率を達成しさらにそれを超える人数を雇用した事業主に対し障害者雇用調整金を支給するものである。

障害者本人に向けた職業リハビリテーション（職業能力の向上，就職機会の提供）として，ハローワークによる職業紹介，職業指導，求人開拓等のほか，地域障害者職業センターによる職業評価，準備訓練，ジョブコーチの派遣や障害者就業・生活支援センターによる相談・支援がある。

第3-9図 障害者雇用促進法の概要

【目的】障害者の雇用義務等に基づく雇用の促進のための措置、職業リハビリテーションの措置等を通じて、障害者の職業の安定を図ること。

事業主に対する措置

雇用義務制度

①事業主に対し、障害者雇用率に相当する人数の身体障害者・知的障害者の雇用を義務づける
　民間企業................................2.0%（〜平成25年3月　1.8%）
　国、地方公共団体、特殊法人等.............2.3%（　〃　　　　　2.1%）
　都道府県等の教育委員会...................2.2%（　〃　　　　　2.1%）
　※1　大企業等においては、障害者を多数雇用する等一定の要件を満たす子会社（特例子会社）を設立した場合、雇用率算定の特例も認めている。
　※2　精神障害者（手帳所持者）については、雇用義務の対象ではないが、各企業の雇用率（実雇用率）に算定することができる。

納付金制度

②障害者の雇用に伴う事業主の経済的負担の調整を図る
　○障害者雇用納付金（雇用率未達成事業主）　不足1人月額5万円徴収　　（適用対象：常用労働者200人超）
　○障害者雇用調整金（雇用率達成事業主）　　超過1人月額2万7千円支給　（適用対象：常用労働者200人超）
　※1　平成27年4月より100人を超える事業主に拡大。
　※2　この他、200人以下（平成27年4月より100人以下）の事業主については報奨金制度あり。
　　（障害者を4%又は6人のいずれか多い人数を超えて雇用する場合、超過1人月額2万1千円支給）
　・上記のほか、在宅就業障害者に仕事を発注する事業主に対する特例調整金・特例報奨金の制度がある。（在宅就業障害者支援制度）

各種助成金

③障害者を雇い入れるための施設の設置、介助者の配置等に助成金を支給
　・障害者作業施設設置等助成金
　・障害者介助等助成金　　　　　　　　　　　等

障害者本人に対する措置

職業リハビリテーションの実施

④地域の就労支援関係機関において障害者の職業生活における自立を支援〈福祉施策との有機的な連携を図りつつ推進〉
　○ハローワーク（全国544か所）
　　障害者の態様に応じた職業紹介、職業指導、求人開拓等
　○地域障害者職業センター（全国47か所）
　　専門的な職業リハビリテーションサービスの実施（職業評価、準備訓練、ジョブコーチ等）
　○障害者就業・生活支援センター（全国324か所）
　　就業・生活両面にわたる相談・支援

出典）厚生労働省．

（２）法定雇用率　　　　法定雇用率は，平成25年度から民間企業は2.0％，公的機関（国・都道府県・市町村）と独立行政法人等は2.3％，公的機関のうち教育委員会は2.2％である。民間企業は雇用労働者100人につき2人，つまり50人以上の企業は必ず1名以上の障害者を雇用しなければならない。国，地方公共団体では43.5人以上規模の機関では必ず1名以上の障害者を雇用しなければならない。

（３）障害者雇用状況　　　　障害者雇用状況（毎年6月1日現在）の集計結果は，例年10月末から11月末頃に厚生労働省障害者雇用対策課から発表される（第3－10図参照）。平成27年の民間企業の障害者実雇用率は1.88％であった。雇用者数は12年連続で伸び続けてはいるものの，法定雇用率にはいまだ一度も達したことがない。平成30年度から精神障害者を法定雇用率の計算に含めることとなる（平成34年度までの調整期間が予定されている）と法定雇用率はさらに上昇する。

　さて，平成27年の民間企業の実雇用率1.88％は，目標である2.0％まではあと0.12％であった。この差，すなわち実雇用率と法定雇用率のギャップは29,325人（26年は41,783人，25年は55,320人）である。平成26年度のハローワーク（全国544か所）の有効求職者数は218,913人であり，就職件数は84,602件（就職率は47.2％）であった。また民間企業の雇用障害者数453,133.5人のうち新規雇用分は48,377人であった。

　就職者が少ないのではなく，離職率の高さに障害者雇用の課題があることがわかる。

2.　障害者差別の禁止と合理的配慮の提供義務

（１）障害者権利条約　　　　平成26年1月日本は，平成18年12月に国連で採択された「障害者権利条約」を批准した（同年2月に発効）。

　この条約は，障害者の人権や基本的自由の享有を確保し，障害者の固有の尊厳の尊重を促進するため，障害者の権利の実現のための措置等を規定している国際条約で，障害に基づくあらゆる差別を禁止すること，障害者が社会に参加

第 3 －10図　障害者雇用の状況

(平成27年 6 月 1 日現在)

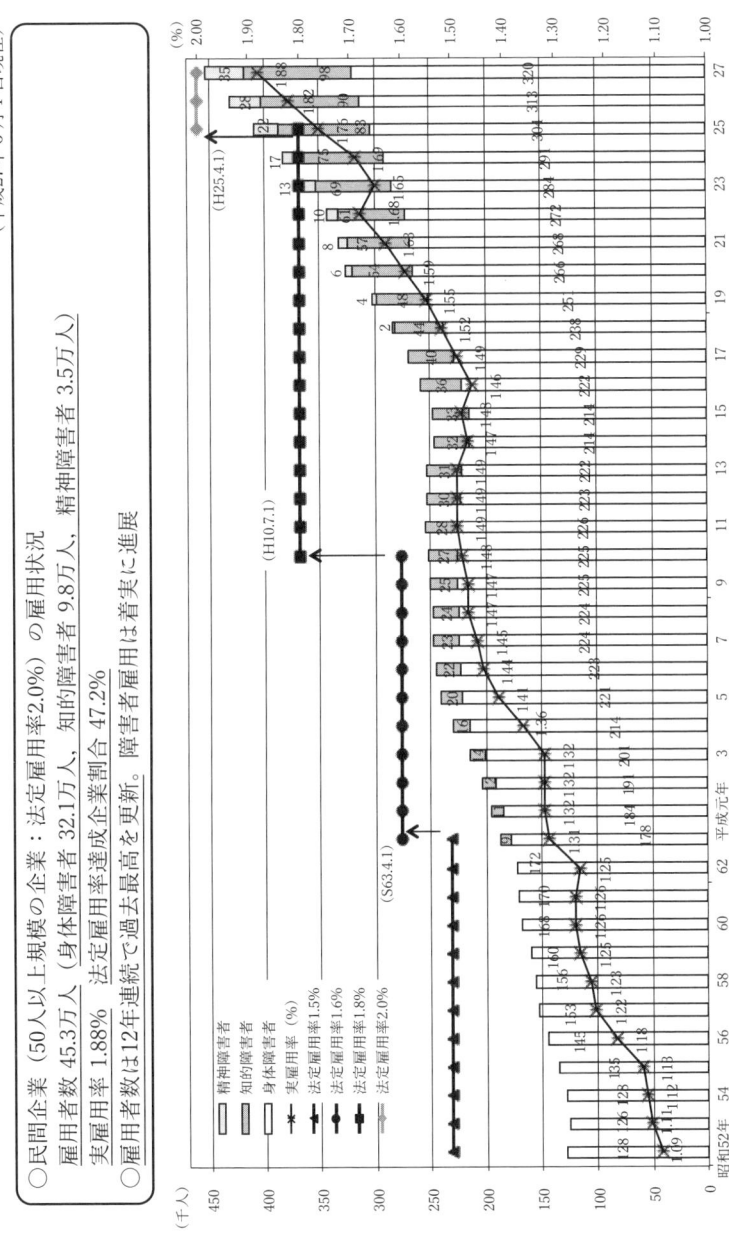

○民間企業（50人以上規模の企業：法定雇用率2.0%）の雇用状況
　雇用者数 45.3万人（身体障害者 32.1万人、知的障害者 9.8万人、精神障害者 3.5万人）
　実雇用率 1.88%　法定雇用率達成企業割合 47.2%
○雇用者数は12年連続で過去最高を更新。障害者雇用は着実に進展

出典）厚生労働省。

し，包容されることを促進すること等がその内容である。とくに労働・雇用分野については，公共・民間部門での雇用促進等のほか，

① あらゆる形態の雇用に係るすべての事項に関する差別の禁止
② 公正・良好な労働条件，安全・健康的な作業条件及び苦情に対する救済についての権利保護
③ 職場において合理的配慮が提供されることの確保

等のための適当な措置をとることにより，労働についての障害者の権利の実現を保障・促進することを締約国に義務づけている。

障害者権利条約をいわばグローバルスタンダードとして国内法の整備が平成20年以降続けられてきたのである。具体的には，障害者差別解消法の制定と障害者雇用促進法の一部改正法が平成28年4月に施行された。

（2）**障害者差別の禁止**　　第3-11図に示されているとおり，障害者差別解消法は，雇用分野以外の全般について，障害者に対する差別的取扱いの禁止を義務づけている。また合理的配慮の不提供の禁止規定については，国・地方公共団体等は義務づけ，民間事業主には努力義務としている。一方，雇用分野については，障害者雇用促進法において事業主に対して差別的取扱いの禁止や合理的配慮の提供を法律で義務づけている。障害者差別禁止の範囲は，募集・採用，賃金，配置，昇進等において障害者であることを理由に，その対象から排除することや障害者に対して条件を不利にすることなどが該当するとされた。

（3）**合理的配慮の提供義務**　　また合理的配慮の内容については，合理的配慮指針（平成27年厚労省告示第117号）別表に例示されている。合理的配慮の提供の義務は，事業主に過重な負担を及ぼす場合は除外される。過重かどうかは，事業活動への影響，実現可能性，費用，企業規模と財務状況，公的支援の有無などから総合的にかつ個別に判断されることとなるが，個々の事情を有する障害者と事業主とが相互理解の中で実現を図るものである。

まとめると，労働・雇用分野においては，それ以外の分野に比べて民間事業主の責任を強く求めているのである。福祉的就労の場においても就労継続支援

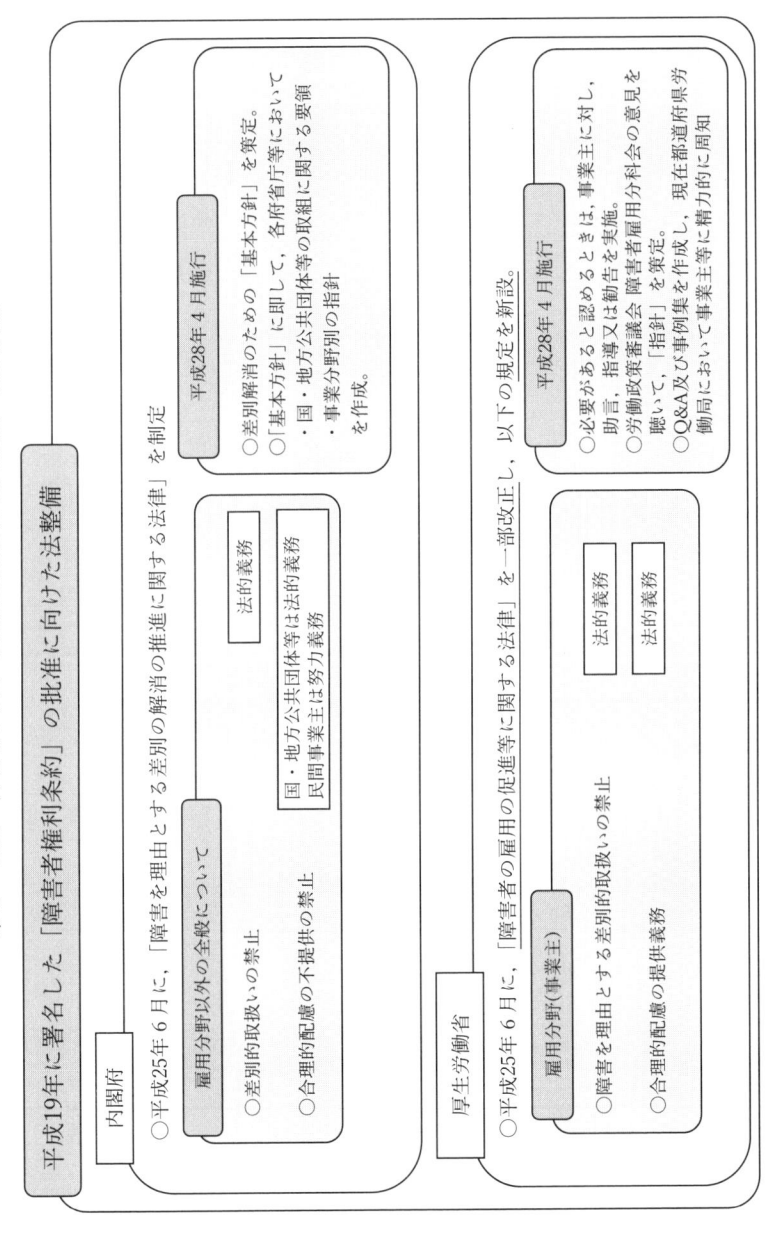

第3-11図　障害者に対する差別禁止と合理的配慮の提供義務

平成19年に署名した「障害者権利条約」の批准に向けた法整備

【内閣府】

○平成25年6月に、「障害を理由とする差別の解消の推進に関する法律」を制定

雇用分野以外の全般について
- 差別的取扱いの禁止　　　法的義務
- 合理的配慮の不提供の禁止　　国・地方公共団体等は法的義務／民間事業主は努力義務

平成28年4月施行
○差別解消のための「基本方針」を策定。
○「基本方針」に即して、各府省庁等の取組に関する要領・地方公共団体等の取組に関する要領・事業分野別の指針を作成。

【厚生労働省】

○平成25年6月に、「障害者の雇用の促進等に関する法律」を一部改正し、以下の規定を新設。

雇用分野（事業主）
- 障害を理由とする差別的取扱いの禁止　　法的義務
- 合理的配慮の提供義務　　法的義務

平成28年4月施行
○必要があると認めるときは、事業主に対し、助言、指導又は勧告を実施。
○労働政策審議会障害者雇用分科会の意見を聴いて、「指針」を策定。
○Q&A及び事例集を作成し、現在都道府県労働局において事業主等に精力的に周知

出典）厚生労働省。

第3章　障害者分野の就労支援　89

A型は，雇用契約を締結することから，その事業主は差別的取扱の禁止と合理的配慮の提供が法的に義務づけられているのである。

3. 専門スタッフの役割と使命

（1）ハローワーク　　ハローワーク（公共職業安定所）は，職業安定法に基づき設置される機関で，職業相談・職業紹介，障害者向け求人の確保や雇用率達成指導を担っている。職業指導官・就職促進指導官，雇用指導官，障害者専門支援員等が配置されている。

（2）障害者職業センター・ジョブコーチ　　独立行政法人高齢・障害・求職者雇用支援機構が運営する障害者職業センターには，障害者職業総合センター（千葉市幕張），地域障害者職業センター（千葉県においては千葉障害者職業センター）等がある。地域障害者職業センターでは，障害者や事業主に対する支援や関係機関への専門的な助言や技術習得研修を実施している。中でもジョブコーチ（職場適応援助者）の派遣は障害者雇用における事業主支援に大きな役割を果たしている。

　ジョブコーチには，地域障害者職業センターに配置される「配置型」，社会福祉法人の運営する福祉施設等に配置される「訪問型」，企業に配置される「企業在籍型」の3類型がある。

　支援は支援計画に基づき実施され，支援期間は，標準で2～4か月である。初期の支援集中期には障害者と職場内の作業の調整をはかり，その後の移行支援期には職場のキーパースンへの助言，障害者支援の伝達と移行をはかり支援期間は終了するが，その後もフォローアップ支援が約1年継続する。

（3）障害者就業・生活支援センター　　障害者就業・生活支援センターは，平成14年の障害者雇用促進法の改正により就業及びそれにともなう日常生活，社会生活上の一体的な支援を提供する目的で設置された（平成27年10月現在327センター）。就業面の支援では，就職活動の支援，職場定着の支援のほか，事業主には雇用管理上の助言を行う。生活面の支援では，日常生活の自己管理

や地域生活への助言を行う。さらは，関係機関との連絡調整をその使命としており，就労移行支援事業所や特別支援学校，ハローワーク，地域障害者職業センター，そして障害者雇用企業等とのネットワークを構築し運営していく機能も大きく期待されている。

　就業支援担当と生活支援担当が配置されている。平成28年度からは一部のセンターに主任定着支援担当も配置されている。

3　就労支援における「連携」の意味

1．ネットワーク関連の事業

　前項で述べたように，ネットワーク構築は，就労支援における障害者福祉施策と障害者雇用施策との効果を相互に高めるために不可欠な営みである。

（1）地域自立支援協議会（就労部会）　　都道府県または市町村が設置し，当該地域の福祉的資源に応じて障害者の生活を支えるシステムづくり，人材づくりのために情報共有，連絡調整の役割を果たす。

（2）地域障害者就労支援事業（チーム支援）　　ハローワークが設置し，就労支援のための関係機関のチームを編成して，障害者就労支援計画に基づく就労準備から定着支援まで一体的な支援を実施する。

（3）関係機関との連絡会議　　障害者就業・生活支援センターが主催し，支援対象者の状況に応じて関係機関との連絡調整を行い，連携協力体制を構築する。

（4）特別支援連携協議会　　教育委員会が設置し，教育，福祉，医療，労働等の関係機関の連絡調整を行い，連携協力体制を構築する。

2. ネットワーク構築の意義

　それぞれの機関は根拠法も活動財源も異なり，ともすれば自前の領分を守ることになりやすい。それはそれぞれの機関独自の目的を果たそうとする使命感に起因するのであるから，これを「縦割り」と批判するだけでは連携の実効は得られない。したがってネットワーク構築の意義は，障害者の就労支援・雇用支援という目的を見据えつつも，他機関が遂行する事業の中から手伝える部分を見つけ合うところにある，と定義しなければならない。直接的な表現をするならば，役割分担（作業の棲み分け）により効率化が進む（楽になる，あるいは仕事の一部を手伝ってもらえる）と期待するのではなく，わざわざ手を出さなくても済むところにもあえて「何かお手伝いしましょう」と手を差し伸べることにより忙しくなるものである。楽な道と辛い道があったときには進んで辛い道を選ぶことが大切である。

　このような互いに助け合う人間関係を作り上げるためには，いわゆる調整会議の席だけでは難しい。関係機関の担当者の人となりを互いに十分知り合えるような機会を作り出すこともネットワーク構築には不可欠なのである。

4　職場で就労支援を実践するときの考え方と行動のしかた

1. 働く意義，働く幸せのとらえ方

（1）就労支援の基本的理念は，社会に勤労観を伝道する使命にある　　日本国民の権利は人として生まれながらのものであるが同時に国民の不断の努力によって保持しなければならず，また濫用することなく常に公共の福祉のためにこれを利用する責任を負う。義務もまた常に公共の福祉のためにこれを果たさなければならない。

　国民の三大義務すなわち，勤労の義務，納税の義務，子どもに教育を受けさせる義務は，いずれも他のため世のために人の心に種を蒔くことである。この義務を果たす自由をこそ「権利」と呼ぶのである。すべての国民に保障されている権利は，このように捉えるべきである。

　この心に種を蒔くエネルギーは「自分が受け取ったものへの感謝」に内包さ

れる。たとえば障害者にとってみれば，工賃，障害基礎年金といった見えやすいものに限らず，水，空気，食料，教育・福祉・医療制度，交通インフラ，情報インフラ，安定した経済体制，安全・平和など我が国を含め世界の先人が長い時間をかけて築き上げてきたものへの感謝なくして国民の義務を果たすことはできない。

「人生に仕事がある喜び」を提供し「仕事のある充実した人生」を創造する就労支援の本質的意味は，勤労観（勤労を重んじ勤労者を敬う態度）・職業観（あらゆる職業の意義を敬う態度）を育てることにある。就労意欲を保持するには，正しい勤労観・職業観を身につけることが不可欠であるからである。

勤労観・職業観を育てる観点で支援全般を組み立てなければならない。職業そのものではなく，その仕事に生涯をかけたその生き方を真似たい，継ぎたいと思われる生き方を指南しよう。すなわち作業を通じて意欲と態度を身につけるための職場環境づくり，工程分析・動作分析の実践の先に目的があるのであり，工賃はその結果としての成果である。

（2）人間は働くことで自らの使命を果たす　　就労支援とは，職場紹介や作業能力の訓練にとどまらず，仕事で誰かを幸せにすることに（実感と共に）挑戦し続ける勇気を発揮させることである。

雇用支援とは，障害者の受入環境を企業の職場の中に作り上げるにとどまらず，事業の使命を遂行する企業に敬意をもつことがその第一歩である。

> 「自分の時間を誰かの喜びに変えることが，働くということ」(喜多川泰『ONE WORLD』サンマーク出版 2014年，p64.)
> 「働くことによって返ってくるものは，お金だけではないよ」(同上，p67)

自分の時間を誰かの喜びに変えると，その結果，所得が得られる。得られるものはお金だけでなく経験，知識・技能，資格，信用，人脈もまた得られるのである。

仕事は，作業ではなく創業者の志・徳性に共感することが不可欠であるか

ら，自分の価値観と共鳴・同調するかどうかで選ぶものであり，見かけの作業の好き嫌い，得意不得意で選んではならない。

憲法22条の職業選択の自由とは，職場・作業の選択のことではなく，仕事を通じて世の中に貢献し，人を幸せにするスタイルは自分の意志で決めるということである。同じ作業でも誰のためにするかで意義が異なる。

2. 就労支援（雇用支援）の具体的手法

（1）職業リハビリテーションの着眼点　障害者の職業リハビリテーション及び雇用に関する条約（ILO第159号条約）によれば，職業リハビリの目的は，「障害者が適当な雇用に就き，それを継続し，かつ，それにおいて社会への統合または再統合を促進すること」である。社会の一員としての役割を果たすこと，そのための質の高い生活を送ることが目的である。

職業リハビリの基本原則によれば，その構成要素として次の6項目が挙げられる。

① 障害者の能力と可能性の実態把握（職業評価）
② 職業訓練と助言（職業指導）
③ 適応訓練，調整，職業訓練（職業準備訓練と職業訓練）
④ 適職を見つける援助（職業紹介）
⑤ 特別な配慮の下での仕事の提供（保護雇用）
⑥ 職場復帰定着までの指導（フォローアップ）

（2）仲間と共に誰かを幸せにする着眼点　支援スタッフによる障害者に対する職業リハビリという行為に着目するならば，このようになろう。しかし障害者自身が自分の時間を誰かの喜びに変えるために働くとなると，上記に加えて，「誰のために」また「誰と共に」という要素を追加して考えることが必要になる。

筆者の勤務する社会福祉法人光明会「就職するなら明朗塾」の就職支援（雇用支援）の観点を紹介しよう。

〈基本スタンス〉
　①　自ら変化しよう。障害者が変わればいい，企業が，行政が，制度が，仲間のスタッフが変わればいいと考えるのではなく，自分がどう変われるか，昨日までの自分とどう今日は変わるか（新しい行動をするか）を考えて支援しよう。

　そのためによい人間性を身につけよう。第一歩は，時間を守り，凛とした立ち居振る舞いと礼儀正しいビジネスマナー（仕事上でお客様や仲間を思いやる気配り）を身につけよう。それは信頼を得るためである。就労支援スタッフが企業から歓迎されるには，様々な能力ある方々に関する知識・情報以外のところにポイントがある。支援スタッフが企業に歓迎されて初めて雇用が実現する。

　お互いに協力して仕事の期限を守る姿勢こそ質の高い集団が持つ最大の力である。チームワークの発揮が就職支援の実績を上げる。仲間の支援手法を批判する前に本気で手伝うこと。あなたが批判する仲間はあなたに対する会社からクレームをいつでもカバーしてくれている。

〈基本コンセプト〉
　②　障害者雇用・就職支援の顧客は「企業」である。障害者は企業が雇用する労働者としての商品像である。顧客である企業のニーズ・ウォンツを把握した上で自分がどう応援できるか，どう尽くせるかを考えよう。その中に障害者雇用を勧める，というプランが浮かんだならば，アプローチを開始しよう。

　企業にとって正しくかつありがたい情報を提供しよう。法定雇用率に触れられたくないと感じる人にその話題を持ち出してはならない。障害者雇用の価値を示せないと，法定雇用率遵守のみに目が向いてしまう。そうではない価値観を示すには，雇用の先にある顧客価値とわれわれの成果の姿，計画を提示した上で，改めて障害者雇用の意義，価値を示さなければならない。

〈お客様理解〉

③　企業の創業理念，その社会的意義を学び続け，大好きになって尊敬しよう。その企業が取り組む事業の成果で幸せになる消費者の姿・笑顔を知らないまま，職場での「作業」を分解し，様々な能力ある方々に分担させようとすると，作業継続が困難になり離職を招く。大変な作業をする甲斐がなくなるからである。

創業者の理念やその企業の存在（と提供する商品・サービスの価値）を心から歓迎するお客様の存在と悦びの内情を実感できると「大変な作業」に耐え抜く使命感が抱ける。

企業開拓とは「障害者にできる作業の切り出しや発見」ではない。就労意欲とは，自分が働く企業の創業者理念に共感し尊敬し，その会社の一員として人々の幸せのために自分の人生を捧げたいと強く願う気持ち（誇り）のことである。

第3-12図が示すように，雇用・就職にあたってはまず，志や創業理念とマッチすることが基本であり，その上で，職場内の人間関係（リレーション）のマッチが考慮されるべきであり，作業（ジョブ）の適性判断は大切ではあるが，この前提となる志とリレーションのマッチングを考慮しないままジョブマッチを求めてはならない。

ジョブマッチングは，入社前ではなく入社をしてから実施するものであり，職場の社員全員の中で作業分担や割り当て（これを適材適所という。）がなされるものである。作業能力の発揮度は職場の人間関係や合理的配慮の状況に依

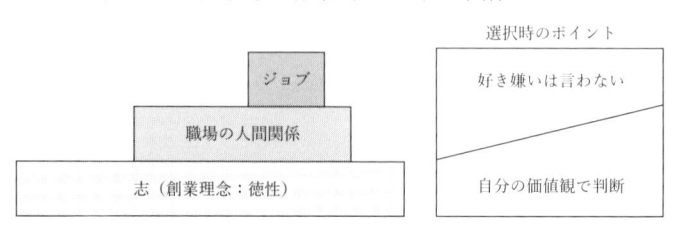

第3-12図　仕事と作業（ジョブ）の関係モデル

出典）筆者作成。

存する。だから，作業の難易度等に目を奪われて「無理に切り出した作業」に見合う人材の割り当てはしてはならない。求人情報に合うと思われる人を選択すること（これを「一本釣り」と称することがある。）をしてはならない。

〈求人票の書き方が変わるサポートをしよう〉
　　④　求人票は企業の志（創業理念），職場の状況（人間模様の特長）に続いて作業（ジョブ）が記載されるべきものである。支援スタッフはそのすべてを読み取ることに努めよう。書かれていなければ，会社のホームページのリサーチや直接ヒアリングをしよう。けっして作業内容だけに着目してはならない。

〈選択プロセスを大切にしよう〉
　　⑤　企業に対してできるだけ多くの求職者を紹介し，企業の選択権を保証しよう。できるだけ多くの求職者を紹介するためには，法人内の事業所だけでなく他の事業所との連携が不可欠となる。求職者にだけ目が向いていると，すぐに採用面接等へつなぎたくなるものだが，私たちの顧客である雇用企業に目が向いているならば，求職者をもっと増やすにはどうするかと考えて行動できるはずである。

〈商品開発になぞらえた障害者支援〉
　　⑥　仕事とは，人のために，将来のために尽くし与えることを志す生き方の表現のひとつである。仕事のある充実した人生を他の社員と共に創造するためには，勤労を重んじ勤労者を敬う態度とあらゆる職業の意義を敬う態度を身につけなければならない。このことは就職して職場に身を置かなければ取り組めないが，その一方で就職しさえすれば自動的に身につくことではないので，勤続支援の目的を「人生指南」としなければならない。就職した後に遂行する作業は誰のためにしているのか（誰が喜んでくれるか）をはっきり分かるように伝えよう。
　　また「施設内訓練」を実習・面接・就職の前提条件とせず，企業の創業理

念との「出会いの場」の創造をめざそう。支援スタッフには就職の決定権はない上，また企業が必要としているスキルと支援スタッフが教えているスキルとが一致するとは限らないので，施設での作業訓練そのものが役に立たない可能性があることに留意しよう。支援スタッフは，施設で生活する姿を知っていても「勤務中の姿」について知っているわけではない。就職に近づくためにすべきことはあくまでも「出会いの創造」である。

では「施設内訓練」の目的は何か。様々な能力ある方々の力を伸ばすことではない。求職者の卓越した（潜在）力を見出す力（信じる力）を支援スタッフが伸ばすことなのである。ただし未就労の状態を見て職場で発揮する強みを発見することは困難だから「変化の可能性」をとにかく信じよう。「変化の可能性」を確信するには「成功するまでチャレンジを続けてあきらめない」か「成功例を知る先輩スタッフに大きく変化した人を教えてもらう」かのどちらかの行動をとろう。

これらを実現させて，「幸せな就職」を支援しよう。その際，「幸せな就職」とは，どのように定義できるだろうか。筆者は，就職した障害者が，他の障害者を就職させるために手を貸したいというような思いになっていること，これだと思っている。

3. 事業定義の見直し――「ドラッカーの5つの質問」

（1）企業の目的は，顧客の創造　　ドラッカーのおそらく一番有名なコンセプトは次の言葉であろう。「企業とは何かを理解するには，企業の目的から考えなければならない。企業の目的は，それぞれの企業の外にある。事実，企業は社会の機関であり，その目的は社会にある。企業の目的として有効な定義は一つしかない。すなわち，顧客の創造である。」（P. F. ドラッカー，『現代の経営上』，上田惇生訳，ダイヤモンド社，2006年，p46.）

「企業永続のために利益を上げることは，企業や事業の目的ではなく条件である」という言葉に続く言葉である。

しかしながら福祉業界のような非営利事業にはなじまない感がある。福祉事業の目的は「障害者の創造にある」とは言えないであろう。

ドラッカーは非営利組織の卓越した成果の追求をする上で大切な5つの質問を提起した。
すなわち，

  1　われわれのミッションは何か？
  2　われわれの顧客は誰か？
  3　顧客にとっての価値は何か？
  4　われわれにとっての成果は何か？
  5　われわれの計画は何か？

である。(P. F. ドラッカー『経営者に贈る5つの質問』上田惇生訳，ダイヤモンド社，2009年)

　福祉事業所もまた，使命の定義，顧客の定義，顧客価値の定義，成果の定義，計画についてひとつひとつ回答を整理しなければならない。同様に支援スタッフもまた自ら5つの質問に答える必要があるだろう。さらにもう一歩進めて，障害者もまた自ら5つの質問に答える必要があり，それへの支援が就労支援においては重要なのである。

(2) ドラッカーの2番目の質問「われわれの顧客は誰か」　　本田技研工業(株)元常務岩倉信弥氏は，定年退職後，母校の多摩美大に教授として迎えられた。周囲に「大学のお客様は誰か？」「大学の商品とは何か？」と問い掛けると，その答えは「お客様は学生」「商品は大学のカリキュラム」というものであった。しかし岩倉氏は「お客様は（卒業後の学生を採用する）企業」「商品は学生」と定義した。その結果，多摩美大は定員倍増への道を歩んだのである。(岩倉信弥『教育現場でのデザインマネジメント』実業之日本社，2010年)
　このエピソードは「われわれの顧客は誰か」の問いへの考え方のヒントになる。周囲の先生方の定義のとおり「学生が顧客」と定義すると，顧客ニーズ調査は学生に向かうことになる。どのような講義がわかりやすいか？というもの

になる。しかし岩倉氏の定義によれば，顧客ニーズは企業に聞くことになろう「本学の卒業生の活躍振りはどうですか？学生にどのような力を期待しますか？」と。それに応えてカリキュラムを見直し学生への教育を改善することが，いわば商品開発になるのである。

　障害福祉施設のお客様とは誰か？商品とは何か？に置き換えてみよう。お客様は障害者，商品は介護・支援サービスで本当によいのだろうか？

（3）企業視点に立つことが福祉の専門性のひとつ　　障害者の就労支援において，おそらく誰もがその顧客は障害者とまず定義するであろう。ここで岩倉氏流に「顧客は障害者を雇用する企業である」と定義するならば，顧客ニーズ調査は，企業に対して向かうことになる。福祉施設・事業所の中で障害者支援を展開するだけでは顧客ニーズがとらえられないということになる。この点からも企業に学ぶ，企業の視点に立つということが福祉サービスの高い専門性の中身のひとつになることがわかる。

　このことから，障害者も企業に就職するにあたり，企業の顧客定義（多くの場合，地域の消費者）にベクトルを合わせる必要があることがわかる。少なくとも「自分の自立のため」「自分のキャリアアップのため」「自分の所得を高めるため」という自分中心の思考の次の段階に進むことが不可欠であり，このことへの支援が就労支援の中心軸となろう。

　顧客価値（幸せ）のために尽くすことが「仕事」であり，それによって信頼を結実させるのが仕事の目的である。その結果が雇用の継続（定着）につながるはずである。

　前に「離職率の高さに障害者雇用の課題がある」と述べたが，それへの解決の一つのヒントが，「自分のための仕事」というとらえ方から「他人の幸せのための仕事」というとらえ方への転換にある。他人の幸せに貢献しているという実感こそが勤続のエネルギーである。

4. 就労支援（雇用支援）の品質保証への取組み

（1）ドラッカーの4番目の質問「われわれにとっての成果は何か」 就労支援の成果の姿を定義することが重要である。数量の目標設定としては，たとえば「就職件数」が採用できるであろう。

しかし数量だけでなく，品質の目標もまた設定する必要がある。

ISO9001の規定8.5.1にある「製造及びサービス提供」の考え方を援用すると，事業成果の質的担保は，サービスを提供するスタッフの資質をもってすることが考えられる。資質の高い（人間性の高い）スタッフの就労支援は，品質保証ができると仮定することである。その結果，事業の成果を質的に保証するためにスタッフの資質向上（人財教育）が欠かせないということになる。

ではいったい目指すべき人間性の基準とはどういうものとなろうか。明確な答えがあるわけではないが，筆者の勤務する社会福祉法人光明会の基準設定からその一部を紹介しよう。

① 徳性（感謝して報恩行動をする習慣）

豊かな人生を生きる最も有効な秘訣は「ただ与える」ことである。自分の持っている卓越した長所は他人に与えるためにある。自分の役割は，自分の長所を追求する先に見えてくるから，豊かな人生とは役割を分かち合う人生のことである。誰かに何かを与えると，必ず自分に返ってくるものは，もっと誰かに何かを与える能力と機会である。すなわち自分の役割が増すのである。

そして，他のために尽くし与え続けることを「感謝の心で恩に報いること」と認識している人を「徳がある人」というのである。徳とは，報恩のことであり，人が追求すべき高い人間性の中心にあるものである。そして徳がある生き方に挑戦する行動の習慣を身につけることが，周囲をよい人間に導くために不可欠である。

② 勤勉（生き様の原点）

感謝と報恩の心で他のために主体的能動的に身も心も素直に捧げる行動の

習慣は，勤勉（または勤労）と表現することができる。誰にもできることを誰にも出来ないほど徹底してやり続けることである。

勤勉こそ生き様の原点である。なぜならば苦労こそが成長と喜びの源泉となるからである。

一生懸命勉強する姿は，人に勇気をもたらす。

③　克己

薩摩藩加治屋町（現鹿児島市）で郷中（ごじゅう）教育を受けた偉人，西郷隆盛，大久保利通，大山巌，東郷平八郎，山本権兵衛，村田新八，西郷従道などは，わずか200m四方のエリアに生まれ育っている。

これほどまでの偉人が群生した理由の一つに古来の文化伝統を濃縮した教育システム「郷中教育」を挙げることが出来る。地域の年上の者が年下の者にともに暮らす地域で生き方を教える仕組みである。その教えとは，武士道の義を実践せよ，心身を鍛錬せよ，質実剛健たれ，などからなる「価値観」であり，これこそが明治時代の偉人を生むベースとなったのである。当時の日本人はみなそのような素晴らしい価値観を持っていたとも言える。

鹿児島市立甲南中の校庭には「三方限の碑」があり「負けるな　嘘を言うな　弱いものをいじめるな」と郷中教育の真髄が刻まれている。「負けるな」とは，自分の弱さに負けるなという意味である。克己（こっき）（己に克つ）とは，自ら背負い，他人のせいにしないという清々しい覚悟のことである。

敵は自分であると認識できたときに，自己愛が生まれる。「自分を大切にする」とは，今何をすべきか自分が一番よく知っている，その自分に嘘をつかないことである。これは自分を甘やかすどころか一番厳しく臨むことである。自分の使命・役割を大切にすることが，自分を大切にする真意である。

④　時を守り　場を浄め　礼を正す

「人間は実行しない限り真に知ったとはいえない」という真理は明の王陽

明の教えであるが，我が国において陽明学は江戸時代の中江藤樹によって開かれた。教育者である森信三は人間成長の根本を「行学不二」と示し実践した。森はまた再建の三大原理が「時を守り，場を浄め，礼を正す」であることを説いた。人間性を高める挑戦における一燈である。

仕事をするときは，自分以外の人たちが自分よりも楽にできるように心掛けよう。

常に自分以外の人がもっと楽になるように，と気配りをすれば「玄関では（自分の靴は当然のことだが）他人の靴を揃える」「どの駐車場でも一番遠くに停める」「電車やバスでは座らない」「道は譲る」などという美しい行動がとれる。仕事ならば「次にする人が自分より早く楽にできるように整えておく」「自分と同じ苦労はしなくてもよいようにする」「自分を踏み台にしてもっと高くジャンプしてもらう」という行動がとれる。これが礼儀正しさでもある。

⑤ 絜矩之道　無財七施

周時代の曽子の作と言われる『大学』は，中江藤樹が11歳の時に「天子よりもって庶人に至るまで，壱是に皆身を修むるをもって本と為す」の一句（自らの徳性を高める修身こそすべての基本であるということ）に触れて聖賢の道を歩むきっかけとなった。二宮金次郎が薪を背負い歩きながら読んだのもこの『大学』である。

自分の感じ方を尺度として，人の心を知る道徳上の道を絜矩之道（けっくのみち）という。お客様対応の原点として「優しさと気配り」と「緊張感」を持とう。自分にしてほしいことをサービスし，自分がしてほしくないと思うことは決してしてはならない。そして「顧客の家族」「支援専門職としての仲間や後輩，上司」「自分の家族」に胸を張って見せられるような礼儀正しい対応をしよう。

行動の習慣化のためには，自己投資の資金が不可欠というわけではない。「無財七施（むざいしちせ）」の教えは（第3-3表），お金がない人でも

第3章　障害者分野の就労支援　　103

第3-3表　無財七施

1 眼施　がんせ	慈しみに満ちた優しいまなざしで接し，目線で思いやりを伝えること。
2 和顔施　わげんせ	いつもなごやかで穏やかな顔つきで，優しい笑顔で人に接すること。
3 愛語施　あいごせ	心からの優しく思いやりのある言葉を口にすること。
4 身施　しんせ	自分の身体を使って，他の人のためになる行動を進んで行うこと。
5 心施　しんせ	思いやりのある心を持ち，相手の喜びや，悲しみや痛みを共有すること。「ありがとう」「すみません」など感謝の言葉を口にすること。
6 牀座施　しょうざせ	自分が疲れていても，他人に場所や席を譲ること。
7 房舎施　ぼうしゃせ	訪ねてくる人を家に入れてもてなし労をねぎらうこと。自分が濡れても，相手に傘を差す思いやりのこと。

出典）筆者作成。

きることがあること，お金がないことを言い訳にしないことの大切さに気づかせてくれる。人間は，生きているだけで財産があるという仏教の教えである。「思いやり」を人に与えることは，自分の人間性を高めることになる。

⑥　素直

船井総合研究所の創設者船井幸雄は「素直・プラス発想・学び好き」が一流の条件とした。人間は自分の経験や手にした限られた情報で価値判断をするので，目の前に起こった事実を自分の都合で曲げてしまうものである。しかし誰もが「自分は正しい」と信じ込むものであるから，あえて「自分は間違っているかもしれない」という視点をもつことが重要である。これが何でもまず受け容れる「素直」さが人間性の高い一流の条件の一番目にある理由である。

⑦　忍耐心

本来，肝要なことは手間がかかって面倒だから，それをやり抜く忍耐心が大切である。イエローハット創業者で，日本を美しくする会相談役の鍵山秀三郎氏は「リーダーに最も必要なのは，忍耐心です。忍耐心を培うには，肉体を鍛えるのと同じで，時間を要します。自分にとって不都合なこと，

面倒くさいこと，手間のかかることを，一つずつ丹念にやっていく。そうすることで，忍耐心は着実に培われていくのです。本来，肝要なことを行うのは，手間がかかって面倒なのです。ですから，面倒を理由に行動を起こさない人は，大事なことをしていない人だと言えます」という。（中田宏，鍵山秀三郎『結果を出すリーダーしか知らない20の方法』遊タイム出版，2013年，P14.）

⑧　即行動の習慣と「技術者の三魂」
Ｓ・Ｙワークスの佐藤芳直氏は「即行動（タイミングを計らないことが「損得勘定より善悪で判断する」の主旨である）を提唱し，動機がプロセスの精度を高める」と言う。「仕事の動機とは，自ら困難を選び自らを成長させることであるが，動機は仕事の成果から評価することはできない」とも言う。
人間性を高める挑戦の具体的な内容はすべて自分で決めることになるが，決めるにあたっては，自らが最高のサービスを受けて感動する体験を積み重ねることが必要である。自分が感動した体験があるから，同様の感動を提供したいという想いが生まれるからである。
また佐藤氏の示す「技術者として身につけるべき三魂」は，行動規範の一つである。
　　1　他人より困難な道を進んで選ぶ。
　　2　卑怯な振る舞いをしてはならない。
　　3　他人を待たず他人のせいにせず，自ら進んで行動する。
これら三魂の資質「楽をするな　先送りするな　他人(ひと)任せにするな」が人間としての美しい生き方の要素である。

⑨　寸陰を惜しむ（忙しいことを言い訳にしない）
職業人としての行動において，その行動をとりにくくするかのような事象が多く発生するものである。しかしそれはその行動を成功に導くための出来事が目の前に現れたと考えよう。困難こそ成功への必要条件である。職

務に真摯に取り組めば取り組むほど，そして手業（手間をかけること）を求めれば求めるほど時間がなくなる。人に与えられた時間は誰しも同じである。であるからこそ，わずかな時間を大切にすることが必要になる。まとまった時間が与えられることを待ってはならないし，忙しいことを言い訳にしてはならない。

（内藤　晃）

第4章　福祉政策と財政の仕組み

1　社会保障費と福祉費

1.　2016年度予算

　福祉政策を学ぶには，財政状況を把握する必要がある。その第1は「社会保障費」の実態を見ることである。ただし，厳密にいうと「社会福祉制度」と「社会保険制度」とでは，会計の仕組みが異なるため，その区別をしっかりと見極める必要がある。「社会福祉制度」は，主に税金で賄われているが，「社会保険制度」は保険料と税金によって運営されている。ここが大きく違う。

　なお，2016年度予算（平成28年度予算）において，一般会計の歳出総額は，96兆7,218億円となっており，その中でも社会保障関連費が約32兆円と，もっとも高いウエイトを占めている（第4－1表）。

2.　社会保障給付費

　新聞，テレビなどで，「社会保障給付費」という言葉がよく取り上げられるが，この「給付」という言葉が重要だ。「社会保障給付費」は，ILO（国際労働機関）の基準によって，社会保障全般の一年間に費やされた金銭またはサービスの合計額である。つまり，患者や利用者の自己負担を除いた経費と考えていい。

　ただし，その財源はすでに述べたように，主として「税金」と「社会保険料」で賄われており，必ずしも国の財布である「一般会計」の社会保障費と同じではない。しかも，税金の部分には，自治体の負担分も含まれている。

　2013年度を例にとると，「社会保障給付費」は，約110兆円にのぼる。その内訳をみると，「医療」，「年金」，「福祉その他」に大きく分類できる（第4－2表，第4－3表）。ただし，この「福祉その他」の半分近くは，介護保険関連の費用である。

第4－1表 2016年度一般会計による予算の主要経費別内訳

(単位：億円)

主要経費	27年度予算	28年度予算	増減額	増減率	備考
社会保障関係費	315,326	319,738	4,412	+1.4%	27年度予算の一次的歳出の影響額等 ▲585億円
文教及び科学振興費	53,584	53,580	▲4	▲0.0%	新型交付金への拠出 ▲120億円
うち科学技術振興費	12,857	12,929	72	+0.6%	
恩給関係費	3,932	3,421	▲511	▲13.0%	受給者の減少に伴う自然減等 ▲511億円
地方交付税交付金等	155,357	152,811	▲2,547	▲1.6%	地方税収の伸び率等を反映。地方税・地方交付税等の地方の一般財源総額について27年度と実質的に同水準を確保。
防衛関係費	49,801	50,541	740	+1.5%	中期防対象経費の増 +386億円 (+0.8%) SACO・米軍再編関係経費等の増 +354億円
公共事業関係費	59,711	59,737	26	+0.0%	
経済協力費	5,064	5,161	97	+1.9%	
(参考) ODA	5,422	5,519	98	+1.8%	
中小企業対策費	1,856	1,825	▲31	▲1.7%	景気回復に伴う信用補完関連予算の減 ▲18億円 新型交付金への拠出 ▲51億円
エネルギー対策費	8,985	9,308	323	+3.6%	温対税増税をふまえた省エネ・再エネ等予算の増 +585億円
食料安定供給関係費	10,417	10,282	▲135	▲1.3%	
その他の事項経費	61,379	61,193	▲185	▲0.3%	収入減り影響緩和対策移行円滑化交付金の減 ▲385億円
予備費	3,500	3,500	―	―	
合計	728,912	731,097	2,185	+0.3%	

出典）財務省「平成28年度予算のポイント」6頁財務省HPより。
http://www.mof.go.jp/budget/budget_workflow/budget/fy2016/seifuan28/01.pdf

第4-2表　社会保障給付費の推移

年度	計	医療	年金	福祉その他	介護対策（再掲）
	億円	億円	億円	億円	億円
2007（平成19）	930,183	295,530	488,819	145,834	63,584
2008（平成20）	960.421	302,081	501,854	156,486	66,513
2009（平成21）	1,015,717	314,147	523,447	178,123	71,191
2010（平成22）	1,052,276	329,206	529,831	193,240	75,082
2011（平成23）	1,081,233	340,633	530,747	209,853	78,881
2012（平成24）	1,090,010	346,240	539,861	203,909	83,965
2013（平成25）	1,106,566	353,548	546,085	206,933	87,879

出所）国立社会保障・人口問題研究所『平成25年度社会保障給付費（概要）』から抜粋。

第4-3表　社会保障給付費の財源構成割合

年度	合計	社会保険料	公費負担	他の収入 資産収入	その他
	%	%	%	%	%
2007（平成19）	100.0	58.0	32.3	2.1	7.8
2008（平成20）	100.0	58.0	33.6	0.8	7.6
2009（平成21）	100.0	46.4	33.1	12.1	8.4
2010（平成22）	100.0	53.5	37.2	0.8	8.8
2011（平成23）	100.0	51.8	37.7	3.2	7.3
2012（平成24）	100.0	48.3	33.5	12.6	5.6
2013（平成25）	100.0	49.6	33.9	12.4	4.1

出所）国立社会保障・人口問題研究所『平成25年度社会保障給付費（概要）』から抜粋。

第4-4表　地方財政における部門別割合（2014年度）

(億円, %)

区分	平成26年度 決算額	構成比	平成25年度 決算額	構成比	比較 増減額	増減率
総務費	98,700	10.0	100,006	10.3	▲1,306	▲1.3
民生費	244,509	24.8	234,633	24.1	9,876	4.2
うち災害救助費	5,555	0.6	10,083	1.0	▲4,528	▲44.9
衛生費	61,434	6.2	59,885	6.1	1,549	2.6
労働費	4,244	0.4	6,209	0.6	▲1,964	▲31.6
農林水産業費	33,486	3.4	35,009	3.6	▲1,523	▲4.4
商工費	55,095	5.6	59,157	6.1	▲4,061	▲6.9
土木費	120,505	12.2	121,252	12.4	▲747	▲0.6
消防費	21,273	2.2	19,931	2.0	1,342	6.7
警察費	31,970	3.2	30,964	3.2	1,006	3.3
教育費	166,581	16.9	160,878	16.5	5,704	3.5
災害復旧費	7,349	0.7	8,824	0.9	▲1,474	▲16.7
公債費	133,655	13.6	131,271	13.5	2,384	1.8
その他	6,427	0.8	6,101	0.7	324	5.3
歳出合計	985,228	100.0	974,120	100.0	11,108	1.1

出所）総務省「平成28年版「地方財政の状況」の概要」13頁　平成28年3月18日より抜粋。

第4章　福祉政策と財政の仕組み

2　自治体における福祉財政は「民生費」を見る

1. 民生費の実態

　それでは，都道府県や市町村の福祉関係費を理解するには，どうすればよいのだろうか。それにはまず，一般会計（普通会計）における「民生費」部門を確認することが重要だ。そして，自分の住んでいる自治体の民生費の額を調べておくべきである。

　しかし，「国民健康保険制度」「介護保険制度」などは特別会計となっており，通常の福祉サービスである「民生費」とは異なる。そのため，「一般会計」と「特別会計」，それぞれが扱っているサービス項目を知っておく必要がある。

　2014年度の全国自治体の一般会計における歳出総額は約98.5兆円だったが，その約25％を「民生費」が占めている（第4-4表）。しかも，他の歳出項目は削減され続けているが，「民生費」は増え続けている。具体的な民生費の内訳としては，福祉サービス経費として「社会福祉費（老人・障害者等）」「児童福祉費（子供の医療費，保育所経費等）」「生活保護費」などが挙げられる。

2. 生活保護費について

　現在，生活保護費における財源構成は，国が4分の3，市が4分の1（町村は都道府県が負担）の負担となっている。以前，小泉政権の三位一体改革でこの割合を国が2分の1，市と都道府県で4分の1ずつといったように変更される動きがあったが，結果的に，見送られた。

　また，生活保護費を受給している人が転居しづらい背景としては，この4分の1の市の負担が関連している。つまり，市外から引っ越してくると，当該の市の負担が増えるからだ。

3. 認可保育園の運営費

　認可保育園の運営費における負担は，基本的に国が2分の1，都道府県が4分の1，市町村が4分の1となっている。しかし，自治体によってはサービ

スを拡充するために，さらなる経費を投入している場合があり，地域によって保育料が違う。自分の住んでいる自治体が，多く経費をかけていると保育料が低くなる。

4. 子どもの医療費無料化

　多くの自治体では，少子化対策といって「中学生まで医療費無料」といった独自の施策を展開している地域がある。とくに，大都市では高齢化が進み，少子化対策は急務なため，子育て世代のファミリーに住んでもらいたいと，各自治体も努力している。

　筆者は，ある大都市の小児科医と話をした際，昨今，小児医療分野の苦労が報道されているが，あまり「患者（親）のモラル欠如」については話題にならないので，ぜひ，何かの機会にふれてほしい，と言われた。

　この小児科医が診療している自治体は，通常は3歳未満までは無料だが（乳幼児医療費助成制度），中学生まで無料といった上乗せサービスを実施し，健康保険証等で受診が全て済んでしまうらしい。本来，中学生まで医療費を無料にしている自治体でも，患者は窓口でいったんは自己負担額を支払い，2か月後に登録した通帳に振り込まれるといったシステムが一般的だ。この自治体は，きわめて住民に配慮した仕組みを導入しており，少子化対策の一環として住民にとって有難い制度だ。

　しかし，その小児科医によると，この制度があるために，ほとんど問題がない子どもらまでもが受診に来てしまい，中にはたんに湿布やうがい薬などを手に入れるために来院するケースも少なからずあるという。薬局で購入すると1000円以上の費用がかかるが，医療機関へ受診すれば保険証をみせるだけで無料になるからだ。

　しかも，夜間小児科（深夜）といって緊急時のための受診システムを，「少し，熱っぽい」程度の理由で受診する親子も少なくないという。夜間小児科（深夜）は，昼間よりもかなり医療の値段が高く設定されているが，自己負担額が無料であれば親にとっては全く関係ない。しかも，夜間の受診理由としては，昼間に来ると1～2時間以上待たされることが多いが，深夜だと待たされず，

しかも共働きだと会社を休む必要がないからだ、と当然のように答えるという。しかしそれでよいのだろうか。

このように、医療費が全く無料になると、本当は必要でなくとも安易にサービスを使う患者が増え、本当に必要な人が不自由をきたすことになる。この小児科医の話は、高齢者の場合にもあてはまる。かつて、老人医療費が無料だった時代があったが、モラルに欠けた高齢者が増えてしまい、医療費が増えてしまった経緯がある。その意味では、「医療費が無料」というのは、単純には喜べないのかもしれない。

5. 介護保険財政

介護保険の財政構成は、利用者の自己負担を除けば、約50％が税金で、残り50％は介護保険料から賄われている。そのうち税金負担分は25％が国で、12.5％ずつが都道府県と市区町村の負担である（施設の場合は、都道府県負担分が17.5％）。また、介護保険料の負担割合は、65歳以上である第1号被保険者分が22％、40歳以上65歳未満の第2号被保険者が28％となっている（第4－1図）。

このように介護保険制度は、「保険制度」とはいえ、約半分は税金によって賄われており、純粋な保険制度とはいえない。しかし、いずれにしても、年々、介護保険財政は伸び続けており、国や自治体においては大きな負担となる。今後の保険料や公費の行方に注目する必要がある。

第4－1図　介護保険制度の財政構成

自己負担1割	＋	公費50％	65歳以上の保険料22％	40歳以上64歳以下の保険料28％
		↓		
	国25％（施設20％）	都道府県12.5％（施設17.5％）	市区町村12.5％	

出典）筆者作成。

6. 特別養護老人ホームの設置費用

　特別養護老人ホームを新設するにあたって2005年度までは，国が２分の１（国庫負担），都道府県が４分の１，設置者（社会福祉法人）が４分の１という財源構成であった。しかし，小泉政権下における三位一体改革（地方への財源移譲）によって，国の負担が，４分の１前後に減額された（国庫負担から地方交付税に移譲して一般財源化）。そして，その差額は，施設側の減価償却費（借金）として据えられ，ユニット型個室料という名目で利用者から徴収して，その返済に充てる仕組みになった。

　そうなると，４人部屋では，多くの利用料を徴収できないため，どうしても新設の特養は，ユニット型個室化になってしまう。ただし，市区町村などの助成があれば，その差額を補填することが可能で，一部，４人部屋の特養新設もなされていた。

　ただし，2009年５月以降，国も，特養新設に際しては４分の１以上の予算措置を行い（地方交付税の上乗せ），都道府県が認めれば，４人部屋の新設を構わないという方針を打ち出し，以前と比べると，多少，状況が変わっている。高齢者施設でもっとも人気のある特別養護老人ホームが増えるか否かは，今後の福祉財政次第といえるだろう。

7. 後期高齢者医療制度

　後期高齢者医療制度は，75歳以上を対象とした医療制度で，保険者は，都道府県単位の「広域連合」である。だから，保険者は市町村でも都道府県でもない。

　ところで，「広域連合」とはなんだろう。これは，1994年地方自治法改正により規定された特別地方公共団体のことを指していて，都道府県，市町村，特別区が設置することができる。よく総合的なゴミ処理行政を複数の市区町村と協同して推進していく手法として知られている。広域連合も一種の地方自治体であるから，議会も設けられ，広域連合会長が首長の役割を担っている。

　後期高齢者医療制度の公費負担割合は，窓口自己負担分を除くと約５割であり，その内訳は（国：都：市区町村＝４：１：１）である（第４－２図）。

第4-2図　後期高齢者医療制度の財源構成

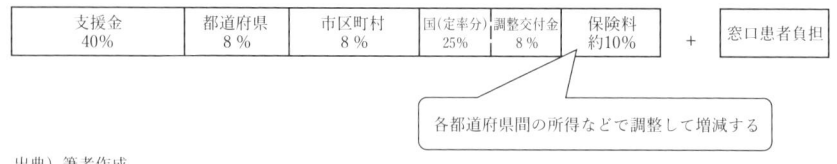

| 支援金 40% | 都道府県 8% | 市区町村 8% | 国(定率分) 25% | 調整交付金 8% | 保険料 約10% | + | 窓口患者負担 |

各都道府県間の所得などで調整して増減する

出典）筆者作成。

3　そもそも財政とは

1. 財政とは

　福祉政策におけるサービスは，財政問題とは切り離せない。福祉サービスを拡充するには，どうしても費用がかかる。その原資となるのが税金や保険料である。つまり，福祉と「お金」の関係を論じるには，税金と保険料など財源の調達方法を考えることが重要だ。そのため，行政組織における財政用語を学ぶ必要がある。以下に挙げた財政用語は，基本的なものなので，頭の中に入れておく必要がある。

　そもそも，行政用語では，資金の調達や管理を「財政」という。国や自治体が行政サービスや施策を実行するための費用を調達し支出・管理することと理解してよい。だから，一般的に「財政出動」といった場合，借金をしてでも，役所の「お金」を費やして事業を展開する。不景気には「財政出動」によって景気浮揚を目指すのである。いっぽう，「緊縮財政」といった場合には，国や自治体における借金が多いため，役所の支出を減らすことを意味する。

2. 予算とは

　予算とは，国や自治体の「収入」と「支出」を予想する見積書と理解していい。通常，年度前に作成することになっており「当初予算」もしくは「本予算」と呼ばれる。

　なお，当初予算が最終的にどのように使用されたかをチェックするのが「決算」だ。「予算」の段階でのお金の額は注目されがちだが，無駄使いなどを監

視するには実は「決算」が重要である。「予算」は単年度ごとで作成するので、年内に使わないと、各省庁や部署がもったいないと勘違いし、無駄な費用を使うことがある。その意味では、市民の監視が重要となる。

3. 予算の流用

しかし、予算の「流用」といった役所の「お金」の使い方もある。たとえば、当初、見積もった高齢者サービスの利用が多すぎて、年度内で費用が足らなかったとしよう。そうしたら、「残りの二か月間は、このサービスは予算がないので利用できません」といったことは許されない。

その場合、担当部署が管轄している他の高齢者部門の使われていない経費を「流用」するのである。もちろん、そのサービス経費は文字通り「流用」されてしまうのだが、まずは足りないサービス部門を優先にして対応する仕組みが「流用」だ。市民も予算の「流用」という仕組みは、承知しておくべきだろう。

4. 一般会計（普通会計）とは

国や自治体の会計（財布のようなもの）には、「一般会計（普通会計）」と「特別会計」の2種類がある。「一般会計」とは、通常の収入と支出を扱う会計だ。一般行政サービスを実行するための、いわば「役所の財布」である。

新しい福祉サービスを設けるには、この一般会計に予算を盛り込まないと実現されない。また、既存のサービスを増やしたいのであれば、一般会計の予算を増やしていく必要がある。一般会計の財源としては、税収、印紙収入、公債（国債や地方債）などが挙げられる。

5. 特別会計とは

かつて官僚の天下り問題が話題にされ、政府の無駄使いの温床が「特別会計」だと指摘される。国の会計は「一般会計」と「特別会計」を合計すると約200兆円にのぼる。一般的に「特別会計」は、特定の事業を行うための会計で、福祉に関して言えば社会保険制度といった「年金」「医療」「雇用保険」「介護保険」などと大きく関連する。

とくに，市町村の特別会計では「国民健康保険」「介護保険」「公営企業会計」といった特別会計が重要で，医療や介護サービスに大きく関連する。たとえば，国民健康保険制度の「特別会計」の収支状況によって，地域で保険料が異なるのだ。介護保険制度でも同様であり，しかも，介護保険特別会計の予算が増えなければ，介護サービスは拡充しない。なお，「公営企業会計」は公立病院に関するものが含まれる（水道事業なども）。

6. 国債と地方債

「国債」とは国が発行する借金で，国民がそれを購入すると，後で国が利子をつけて購入者に返してくれるのだ。いわば国が国民に借金する仕組みと理解していい。一般市民は，銀行や証券会社などで国債を購入でき，通常の預貯金より利息が高い。

いっぽう，「地方債」は，自治体が行う借金で，通常，利率や返済などは総務大臣または都道府県知事と協議しなければならないことになっている。

7. 地方交付税交付金とは

北海道や沖縄県と，東京都などの大都市圏と比べると，当然，地方のほうが税収は少なく財政的に厳しい。そのため，「地方交付税交付金」という仕組みがあり，このような自治体間の財政格差を是正するために，国の税金を各自治体の財政状況に応じて配分している。各自治体の歳入は，平均すると20%弱が「地方交付税交付金」となっている。

ただし，裕福な自治体は「不交付団体」となり，地方交付税は国から交付されない。なお，その交付された額の使い道は各自治体の裁量に任されている。

8. 一般財源と特定財源

「一般財源」とは，歳入において使い道が最初から決まっていないものを意味する（自治体が自由に使える）。「地方税」や「地方交付税交付金」などが挙げられる。一方，「特定財源」は，国などからの歳入で，使い道が最初から決まっており道路や建設事業の補助金，公立学校の教員給料などが挙げられる。

9. 国庫補助負担金とは

　しばしば「ひも付き補助金」とも呼ばれ，その使い道が決まっており自治体が自由に使えない補助金が「国庫補助負担金」だ。福祉に関する費用は国庫補助負担金が多い。とくに，各福祉施設を建てる際は，「国庫補助負担金」による項目が多い（国からの補助金）。地方分権の立場からは「廃止」が叫ばれている。

　なお，「国庫補助負担金」は「国庫負担金」と「国庫補助金」という2種類に分けられる。「国庫負担金」は，法律で国の支出が義務づけている。いっぽう，「国庫補助金」は，国が奨励する各事業に補助金が交付されるもので，「福祉」分野においても定着している施策が多い。

　なお，その他に「県支出金」というものがあるが，これは市町村などが行う事業で県が交付する補助金を意味する。国庫補助負担金と同様に使い道が限定されており，「県負担金」「県補助金」に分けられる。

4　利用者負担の仕組み

1. 利用者負担について

　なお，福祉政策において，サービスを提供するにあたっては，利用者からいくらかの自己負担を徴収する。主に「応能負担」と「応益負担」の2種類に分けられる。

　「応能負担」は，経済能力に応じて負担額が異なり，たとえば，認可保育園の保育料は親の収入に応じて負担する額が異なる。しかし，「応益負担」は，世帯もしくは個人の経済的負担能力に関係なく，サービスを利用した分，それに応じて負担していく仕組みだ。たとえば，介護保険制度は，原則，一定所得以上の者以外は一律1割負担となっている。訪問介護サービスを1時間利用すれば約4000円（身体介護）であるから，自己負担400円となる。月に10回利用すれば，自己負担は約4000円となる。これらの負担額は，各自の経済能力は加味されない。

　このように利用者負担の仕組みには，「応能負担」と「応益負担」の2種類

があり，その種別を理解することは，福祉サービスを利用するにおいて重要なことである。

2. 個人単位か世帯単位か？

ところで，年間の婚姻件数も昭和47年約110万組の最高時から比べると，平成23年約66万組と過去最低を記録し，今後も減少傾向にある。現代社会において「結婚」という価値観にとらわれない人が増えている。なお，当然，少子化の要因のひとつとして，この婚姻件数の減少が考えられる。

現在，日本の家族形態は三世代家族が減少し核家族化と言われながらも，実態は1人世帯が多く，平成22年国民生活基礎調査によると全世帯のうち25.5%が1人世帯である。そうなると，世帯単位を基軸に構築されている日本の社会保障制度に歪みが生じてくる。

しかも，1人世帯が増えるということは不平等さも明確化されていく。たとえば，年金制度は，夫の厚生年金と妻の国民年金を併せて約22万円が平均受給モデルとされているが，1人世帯が増えると1人が受給する年金額で老後を暮さなければならず家計が厳しくなる。また，年金の保険料においても専業主婦は保険料が実質免除されているが，そうでない1人世帯の人は，しっかりと納めなければならず両者の負担格差が鮮明となる。

3. 負担の不平等さ

いっぽう，医療保険制度においては，毎月，支払う保険料は世帯単位となっており，個人単位での制度設計にはなっていない。そのため，個人単位で支払う際の保険料が高く，世帯主以外の世帯員との差が拡充する。財政難が指摘されている社会保障制度において「負担と給付」の実態が，1人世帯と世帯主以外の世帯員とで差が生じれば，不平等な社会保障制度と認識され信頼が得られなくなる。

たしかに，一昔前は，ひとり暮らし世帯の割合が低く，しかも，その中には独身の現役世代が多く，いわば独身貴族を楽しむといった経済的に負担の少ない層もいた。しかし，現在の1人世帯は，独居高齢者や非正規雇用者といった

ように,経済的に厳しく世帯を持てない層が多くなっている。

このように1人世帯が増えていくことが予測される中で,いずれ「負担と給付」を個人単位とする決断を下さなければ,不平等なシステムが拡充するばかりである。

今後,18歳未満の子育て世帯に限っては世帯単位の考え方を維持し,それ以外においては,原則,個人単位で保険料の負担や給付のあり方を考える方向に,社会保障制度全体を再構築すべきであろう。そして,併せて税制制度などの「扶養」といったシステムも見直していかなければならないであろう。

(結城康博)

第5章　福祉行政の仕組み

1　福祉行政における「国」「都道府県」「市町村」

1.　福祉サービスと行政の役割

　すでに前章までに述べてきたことだが，福祉サービスは，「社会保険制度」と「福祉制度」に大きく分類できる。これらのサービスは，行政機関が大きく関与している。しかし，行政組織といっても，「国」「都道府県」「市町村」等などは，それぞれ異なる機関である。そのため，各福祉サービスが，どの行政機関が管轄であるかを理解する必要がある。なお，行政組織には，既述の3つの他に，厳密に言えば「広域連合」「一部事務組合」といった形態もある。

　また，東京23区（特別区）も通常の市町村と考えていい。そして，横浜市や札幌市のような政令指定都市は，市役所であっても都道府県と同等の権限があるので，実質的には，同じと考えるべきだ。

　地方自治法2条5項によれば，都道府県は「市町村を包括する広域の地方公共団体」とされ，広域にわたる事務や市町村に対して連絡事務などを行うこととなっている。また，市町村ができない補完的な事務も責務としている。

　いっぽう，市町村は住民の身近な事務を行うことになっている。なお，第二次大戦後の1949年5月8日に来日したシャウプ博士を団長とする一行が行った勧告，いわゆる「シャウプ勧告」によって，国・都道府県・市町村間の事務の配分に関して「市町村優先の原則」ということが初めていわれた。

2.　地方分権とは

　昨今，マスコミ報道を通じて「地方分権」「地方創生」といったキーワードを耳にすることが多いだろう。

　そもそも「地方分権」とは，簡単に理解すれば，国の裁量権を自治体に譲ることだ。つまり，「お金を地方に渡して，自由に自治体の裁量で行政を動かせる」システムを確立することである。現在，自治体にもかなり裁量権が与えられてきたが，まだ国の関与が強いと知事たちは思っているのであろう。

　当然，福祉分野においても国（厚労省）が決めたルールに縛られて，自治体

が自由に施策を実行できない事案がある。たとえば，福祉施設における職員の配置基準だ。利用者何人に対して職員を何人配置しなければならない，といったルールがある。最近，このような国によるルールを，自治体の裁量に任せようという動きがあったばかりだ。

　たとえば，冬になると高齢者は外出することに消極的になる。とくに，積雪量の多い東北地方などでは，高齢者が通所する福祉施設＝「デイサービス」などの利用が減少し，家に閉じこもりがちになってしまう。その意味で，雪国の高齢者対策には特別の配慮が必要になる。

　しかも，この地域の高齢者施策には，屋根の雪下ろしをも考えていかなければならない。ひとり暮らしや老夫婦の高齢者世帯は地域住民や親類などに頼めればいいが，そうできない場合は，市町村の役割が重要となる。雪下ろし業者に頼むと一回に3万円以上の費用がかかるが，低所得者に対しては市から助成金が支給される地域もある。

　そして，日々，玄関先の雪かきは行わなければならないため，高齢者世帯にとっては大きな重荷となる。隣近所の家が親切に雪かきをしてくれればいいが，近所づきあいが上手くいっていない場合は難しい。

　また，ヘルパーなどは自分が家に入るために簡単な雪かきをして，サービスを開始することも少なくない。そのため，雪国のヘルパーなどは，家事や身体介護の仕事以外に，雪かきといった作業も一部強いられるのだ。そして，高齢者の中には，越冬のため老人福祉施設などに数か月入所する人も少なくない。

　このように地域の特性に応じて福祉ニーズは多様化しているため，それをきめ細かくくみ上げる自治体の役割は非常に重要だ。

3. 地方分権一括法とは？

　現在問題になっている地方分権の根拠となる法律は，1999年の「地方分権一括法」だ。これは「地方分権の推進を図るための関係法律の整備等に関する法律」の略語であり，この法律改正は地方分権を語るには重要なものである。

　この法律が成立するまでに「地方分権推進委員会」の5回にわたる勧告がだされ，その勧告を受け，政府がようやく475本にのぼる法律を部分的に改正し

1本の法律としてまとめたのである。この法律によって，国と自治体は「上下の関係」「主従の関係」ではなく，「対等の関係」となった。この法律の主なポイントは，以下のとおりである。

① 機関委任事務の廃止と事務の再配分
② 国による関与
③ 権限委譲の推進と事務処理特例条例
④ 必置規制の見直し

とくに，この中では「機関委任事務の廃止」は重要である。かつて「機関委任事務」は，国の仕事を自治体が代わって行っていたに過ぎず，自治体は単なる国の代替であって地方議会も関与できなかった。代表的な事務は，「生活保護」の仕事だった。結果的には，この改正によって後で詳しく述べるが「法定受託事務」に移行されたのだ。

しかし，地方分権一括法が施行されたからといって，国の関与がいまだに強いことは周知のとおりだ。国のルールが変わらないかぎり，福祉サービスが使いやすくならないケースはたくさんある。だから，改めて自治体と国の裁量権の見きわめが重要となってくる。しかも，最終的には福祉サービスの多くは福祉六法という法律に基づいているため，法律を改正しないとサービスは使いやすくならない。

4.「法定受託事務」と「自治事務」

現在，自治体の事務として大きく「法定受託事務」と「自治事務」がある。地方自治法に基づけば，「法定受託事務」は，市町村にとっては，国や都道府県から委託された事務であり，本来の業務ではない。いっぽう，「自治事務」は，市町村が責任を負わなければならず，自らの判断で業務を遂行することとなっている。

地方自治法では，あくまで国・都道府県・市町村の関係は対等である，ところが建前はそうだが，その実態はちがう。たとえば，介護保険制度の要介護認

定システムである「自治事務」をとってみても，そうはなっていない。

本来であれば，介護保険制度の運営責任は市町村にあるので，当然，この要介護認定システムの事務も市町村に全て委ねられるべきだ。しかし，実態は国からの決まりごとで業務が遂行されており，その関与はマニュアルの作成から事務規定まで多くのレベルにわたっているのが現状である。

5. 具体的な国の関与

現在，法律上，「自治事務」であっても，市町村の裁量権が限定的であることは否定できない。たしかに，他の「自治事務」の一部には，市区町村の裁量権が認められているものもあるが，その多くは国の関与が強く，市町村の事務裁量は制限されている。

具体的な国による関与手法は，「自治事務」では「助言・勧告」「資料の提出の要求」「是正の要求」「協議」に限定される。いっぽう，「法定受託事務」では「助言・勧告」「資料の提出の要求」「協議」「同意」「許可」「認可」「承認」「指示」「代執行」などの措置が講じられることになっている。

多くの「自治事務」を分析しながら，国と市区町村の裁量権の検証を行い，「自治事務」の本旨について議論し直す必要がある。そうしなければ，地方分権の議論も本格化しないと筆者は考えている。

6. 県庁と市役所のしごと

都道府県の管轄として第1に挙げられるのは，医療や保健所関連のサービスだ。医療サービスは医療圏といって，医療サービスの度合いに応じて，そのエリアが異なる。都道府県は，その圏域を決めている。また，保健所業務なども都道府県の仕事である。しかし，保健センターは市町村管轄であることは注意が必要である。なお，児童福祉関係も保育行政等を除いては，都道府県の管轄になる。たとえば，児童虐待などの対応や児童養護施設の入所などは，都道府県管轄の児童相談所が行う。利用者がサービスの可否について都道府県に相談に行くことは，市町村に比べると少ない。

なお，高齢者や障害者などの施設の許認可権は都道府県にあるので，その点

は踏まえておく必要がある（地域密着型のような小規模な施設は市町村だが）。つまり，福祉施設を開設したい場合には，都道府県がその許認可を判断するのである。

　いっぽう，市役所における福祉事務は，高齢者福祉，障害者福祉，生活保護などの事案が挙げられる。ただし，町や村では，これらの福祉業務も都道府県が担当している。

　ところで，利用者が使いたいと申請した市町村管轄の福祉サービスが「利用が難しい」という結果になった場合，本当に市町村の判断が妥当かどうか，本当に正しいのか，判断を都道府県に求めることができる。すなわち「不服申し立て」「審査請求」という制度がある。

7. 介護保険は地方分権の試金石と言われるが…

　2000年にスタートした介護保険制度は，「地方分権の試金石」と言われながらも制度発足後16年が経つ。しかし，年々，国の関与が強くなっている。介護保険制度や国民健康保険制度は，「住民の福祉」に，直接，関与する重要な施策であるが，再度，国と市町村の役割・機能を見直す必要がある。法律上は，「地方分権の試金石」とされた介護保険制度でも，実態は，かなり中央集権的である。

　もっとも，日本全体で考えた場合，最適なサービス水準を維持し，公正なシステムを考えるなら，必ずしも，中央集権的なシステムは全否定されるべきものではない。

2　福祉に関する法律

1. 福祉六法とは

　繰り返すが，福祉行政を理解するには，必ず，福祉六法（生活保護法，児童福祉法，母子及び寡婦福祉法，老人福祉法，身体障害者福祉法及び知的障害者福祉法）を，抑えておかなければならない。通常，福祉サービスの大部分は「福祉六法」に基づいている。

また，関連する法律としては，少なくとも「介護保険法」「障害者自立支援法」「地域保健法」「売春防止法」「社会福祉法」の五法は把握しておかなければならない。福祉行政を把握するには，法律の知識を覚えることも必要不可欠である。
　たとえば，認可保育園の入所に関心のある人は，児童福祉法第24条に「児童の保育に欠けるところがある場合において，保護者から申込みがあったときは，それらの児童を保育所において保育しなければならない。」（筆者要約）と記載してあることを記憶しておくと，役に立つということだ。

2. 法令とは？

　なお，一般的に法令とは，「法律」「政令」「省令」など国会または国の行政機関が決めたルールのことをさす。「法律」は国会で決めるもので，「政令」は内閣が規定するものだ。また，「省令」は各省庁が決定するが，福祉に関しては，当然ながら厚労省による「省令」が該当する。なお，これらの優先順位は，言うまでもないが「法律」「政令」「省令」の順である。
　また，自治体は，この「法令」に反しないかぎり「条例」を制定することができることになっている。地方自治法によれば，条例は「2年以下の懲役若しくは禁錮，100万円以下の罰金，拘留，科料若しくは没収の刑又は5万円以下の過料」までの罰則規定を設けることができるとされている。
　さらに，昨今，自治基本条例を制定することが一般化されてきた。その地域における自治の基本原則や行政の基本ルールを構築することが目的である。自治基本条例は，「自治体の憲法」と言われ，条例という形で法的根拠を持たせている。

3. 規則と要綱

　「規則」とは，首長が，地方自治法の規定に基づき，国の法令に反しないかぎりにおいて，その権限に属する事務について制定する法規のことだ。しかも，5万円以下の過料を科すことができる。
　また，行政においては「要綱」というものがある。「要綱」は，事務処理手順のマニュアルのようなものである。しかし，福祉現場では，この「要綱」が，

福祉サービスを使う際にさまざま重要な働きをする。サービスを利用しやすいようにしたい場合，限界があるかもしれないが，「要綱」を変えるだけでも，多少，利便性はよくなるかもしれない。

4. 通達と通知

　福祉の現場では，厚労省から多くの「通知」が出される。以前は，上級官庁から下級官庁へ下す行政内部資料という位置づけであった。そのため，「通達」と言われたが，現在は，この「通達」という概念はない。その代わり「通知」が出され，福祉サービスの可否についての解釈事例が掲載されている。

　行政窓口で問題になったときは，その担当者に通知の内容について聞いてみるべきであろう。もしかしたら，担当者が解釈を間違えているかもしれないからだ。行政組織は，「文書主義」であるため，担当者の解釈次第でサービスの融通性も違ってくる。担当者の解釈を聞いて，融通性のある解釈を引き出すことも重要である。

3　自治体における福祉現場

1. 措置制度とは

　福祉サービスにおいて，理解しておくべき重要なキーワードとして「措置」という言葉がある。「措置」とは，行政行為に基づいて福祉サービスが提供されることを意味する。戦後，「措置制度」のもとで福祉が展開されてきた。措置を行う機関を「措置権者」といい，主に市役所などがそれにあたる。具体的には民間の社会福祉施設へ入所者を預けていた事務などがそうだ。

　しかし，介護保険制度が創設されて，養護老人ホームもしくは虐待のケースを除いて高齢者への入所に関しての措置制度は廃止された。現在，措置制度が残っているのは，児童養護施設などの入所関連である。ただし，認可保育園の入所に関しては，1998年4月施行の児童福祉法の改正によって，従来の入所方式であった「措置制度」から，利用者による「選択利用」方式の制度に改正された。もっとも，実質的には市役所が入所判定を行っており，保育園自体の入

所決定権は制限されている。

2. 身近な福祉行政機関は「福祉事務所」

第1章でも述べたが，生活保護の申請をする窓口が福祉事務所である。福祉事務所は，社会福祉法第14条の「福祉に関する事務所」を意味するが，主に都道府県福祉事務所（郡部福祉事務所）と市区町村福祉事務所（市部福祉事務所）に分けられる。

具体的には「都道府県の設置する福祉に関する事務所は，生活保護法，児童福祉法及び母子及び寡婦福祉法に定める援護又は育成の措置に関する事務のうち都道府県が処理することとされているものをつかさどるところとする」(社会福祉法第14条5)。

つまり，町村は福祉事務所の設置義務がないので設置数は少なく（第5-1表），都道府県の福祉事務所が管轄している。いっぽう，「市町村（特別区を含む。以下同じ）の設定する福祉に関する事務所は，生活保護法，児童福祉法，母子及び父子並びに寡婦福祉法，老人福祉法，身体障害者福祉法及び知的障害者福址法に定める援護，育成又は更生の措置に関する事務のうち市町村が処理することとされているもの（政令で定めるものを除く。）をつかさどるところとする」(社会福祉法第14条5）となっている。

3. 福祉事務所のしごとは市町村が主体

1993年4月，老人福祉及び身体障害者福祉の施設入所事務等が，都道府県から市町村へ移譲された。そして2003年4月には知的障害者福祉分野の施設入所事務等が同じく市町村に移譲されたのだ。つまり，住民の身近な福祉サービスは，いまや市町村の福祉事務所が担っており，住民の福祉行政にとっては重要

第5-1表 福祉事務所の設置状況（箇所）

設置主体	都道府県	市（特別区含む）	町村	計
箇所数	208	996	43	1,247

出典）厚生労働省HP（平成28年4月1日現在）より
http://www.mhlw.go.jp/stf/seisakunitsuite/bunya/hukushi_kaigo/seikatsuhogo/fukusijimusyo/index.html

な役割・機能を果たしている。

　なお，現在の福祉事務所は，「大福祉事務所」と言われるように，庁舎内では福祉六法以外の福祉関連部署と一体的な組織運営となりがちで（大福祉事務所），場合によっては保健所もしくは保健センターと統合されるなど「保健福祉センター」といった形態で運営されることも少なくない。

　福祉事務所の仕事を理解するには，社会福祉法第14条「福祉に関する事務所」の業務なのか否かを目安にすると理解しやすくなる（基本的には福祉六法）。

4.「地域包括支援センター」と「子ども家庭支援センター」

　高齢者の総合相談機関に「地域包括支援センター」がある。これらの機能は，市役所などが直接運営している場合もあるが，多くは民間に委託されている。だから，市役所に相談に行っても，地域包括支援センターを紹介されてしまう可能性がある。

　また，子育てに関する相談は，「子ども家庭支援センター」という機関があり，これらも委託されている地域が多い。

5. 保健センター

　すでに述べたが，保健センターは，保健サービス（第1次予防）の機能を果たし，市町村が中心となって「疾病予防」「病気の早期発見」「各種保健事業及び予防接種」などを行う機関である。

　第1次予防としては，乳幼児健診，老人保健（介護予防）などの事業が挙げられる。

6. 児童相談所

　児童相談所は，児童福祉法にもとづいて設置されている，18歳未満の子どもに関する相談機関である。本人・家族・学校などを対象にした，児童福祉の最前線の部署といってもいい。また，児童虐待などの問題に対処するため，緊急に児童を保護し生活指導を行いながら子どもを一時保護することもある。

　そして，事情によっては家庭で生活できない子どもらを，乳児院，児童養護

施設，児童自立支援施設，知的障害児施設，肢体不自由児施設などの児童福祉施設へ措置入所させる機関でもある。なお，児童自立支援施設数は，支援を必要とする対象者が増えているにも関わらず，ほとんど増えていないのが実情である。

7. 知的障害者更生相談所

知的障害者更生相談所では，主に知的障害者やその家族等に対する専門的な知識及び技術に関する，相談と指導を行っている。とくに重要な業務としては，18歳以上の知的障害者を対象に，それらの申請に基づいて「療育手帳」を交付していることが挙げられる。療育手帳の申請は，市役所や町村役場で行えるが，実際の判定は知的障害者更正相談所で行われ，そこでは医学的・心理学的及び職能的判定を行い，一定の知的障害として判定されれば，それらのレベルに応じて「療育手帳」が交付される。この手帳が交付されると，障害者サービスなどの援助が受けやすくなる。ただし，利便性を考慮して地域ごとに定期的な巡回相談事業も実施されている。

8. 身体障害者更生相談所

身体障害者更生相談所は，主に身体障害者を対象に「補装具」「更生医療」「施設利用」などの各種福祉サービスに関する業務を管轄している組織だ。主に医師をはじめとする専門職員が配置され，専門的・技術的な相談や各種判定業務等が行われている。

ここでもっとも重要な業務は，身体障害者手帳の判定だ。この手帳の交付は都道府県知事の管轄だが，実際の判定は身体障害者更正相談所が行う。ただしこれらの申請にあたっては身近な市役所でも可能だ。

また，判定事務の中に補装具費支給の可否などがあるが，身体障害者更生相談所や巡回相談会場に障害者が来所するなどの「来所判定」と，もしくは申請時に提出する補装具費支給意見書により判定される「書類判定」がある。そして，障害者を対象とした自立支援医療（更正医療）の判定も行っている。これらの申請は市役所などの身近な自治体で行えるが，判定は身体障害者更正相談

所で行っている。

9. 婦人相談所

　誰もが，ドメスティック・バイオレンス（DV被害）という言葉を聞いたことがあるだろう。夫などの暴力による女性などの被害だ。このような要保護女性などの相談・支援する機関が婦人相談所である。

　そもそも都道府県は，売春防止法によって婦人相談所を設置しなければならず（市役所は任意設置），その一環で一時的にこれらの女性を保護する機能を有している。基本的には婦人相談員などが主体となって相談にあたっているが，その他女性一般の問題についても支援がなされている。

10. 保健所および県立病院

　地域保健法に基づいて，保健所は広域的な保健サービス（第2次予防）を行う機関だ。この第2次予防とは，「心の相談」「感染症による相談・検査（結核，エイズ，インフルエンザなど）」「難病対策」「飼い犬登録や狂犬病予防」「食品営業許可」「食中毒の予防」「医療機関の開設許可」「薬局・薬店の開設許可」医薬品や劇物の販売業の許可」などの業務を指す。

　なお，県立病院は，通常一般の医療機関であるが，主に急性期医療を担当しており地域の中核病院としての役割を担う機関である。

4　政策は福祉計画次第

1.　自治体の福祉政策は計画に基づく

　いうまでもないが，福祉に限らず「計画」とは，あらゆる組織や団体で作成されるものだ。たとえば，民間会社の「販売計画」「職員の研修計画」など，誰しも目にしたことがあるだろう。経営学において，「計画」とは「PDCAサイクル」などといったモデルを用いて説明されることがある。

　つまり，①まず目標を設定（Plan）。②具体的な実行（Do）。③実行計画を途中で評価（Check）。④修正する（Action）。といったプロセスを踏んでいく

第5章　福祉行政の仕組み　135

ことを意味する。このサイクルは，どのような分野においても共通するもので，福祉の場においても，市民の立場から理解しておくと役に立つ。

　福祉計画を作成するには，まず「ニーズ」を把握することから始めなければならない。しかし，現在，福祉ニーズは非常に多様化しており，簡単に絞り込むのは難しいのが現状だ。同じ高齢者福祉サービスでも，一人ひとりによってニーズは異なる。その意味では，最大公約数的な福祉ニーズをいかに把握するかが重要となる。

　役所はしばしば「パブリックコメント」「タウンミーティング」「市長への手紙」などといった方法で，市民の意見を聞こうとする。また，世論調査を行い，福祉ニーズを把握しようとしている。しかし，これらに対応している市民は限られ，一部の声しか把握できない。その意味で，最大公約数的なニーズを把握することは難しい問題なのだ。

2. 過去の国による代表的な福祉計画

　福祉に関する計画は，過去に遡ればいくつもある，その中でも「高齢者保健福祉推進10か年戦略（ゴールドプラン）」は有名である。1989年12月に当時の厚生省が公表し，1999年までの10か年を目標に，高齢者に関する施設サービスの整備を図ろうとした計画である。途中1994年，計画の見直しが行われ，各種サービスの新たな整備目標として「新ゴールドプラン」が発表された。

　また，子育て支援のための「エンゼルプラン」が有名である。1994年12月，文部，厚生，労働，建設の4大臣合意により策定された。正式名は「今後の子育て支援のための施策の基本的方向について（エンゼルプラン）」である。これによって国や地方公共団体，企業・職場，地域社会が子育て支援に取り組むことが明確にされた。そして，このプラン策定後10年間に取り組むべき基本的方向と重点施策が定められた。

　具体的には，保育所の量，地域子育て支援センターの整備，などの「緊急保育対策等5か年事業」が策定され，1999年度を目標年次とされた。その後，1999年12月「少子化対策推進基本方針」が決定され，2000年度を初年度として2004（平成16）年度まで「新エンゼルプラン」が策定された。

3. 市町村地域福祉計画と都道府県地域福祉支援計画

　現在，福祉計画はいくつかあるが，なかでも重要なのは，社会福祉法に規定された「市町村地域福祉計画（社会福祉法107条）」と「都道府県地域福祉支援計画（社会福祉法108条）」であり，市町村及び都道府県は，その策定において努力義務がある。

　なお，策定が努力義務であるため，2014年3月31日時点で「市町村地域福祉計画」は全1,742市町村のうち，「策定済み」が1,149市町村（66.0%）となっている。また，2013年12月時点で「都道府県地域福祉支援計画」は全47都道府県の87.2%にあたる41都道府県が「策定済み」であるが，策定未定5県のうち4県については「策定する方針がまったくない」となっている（第5－2表）。両計画とも策定期間は5年となっているケースが多い。

　「市町村地域福祉計画」の趣旨は，誰もが住み慣れた地域で，その人らしい自立した生活が送れるような仕組みをつくることにある。各地域には，高齢者，障害者，乳幼児，児童などの福祉サービスを必要としている人が多くいる。

　これらの支援を考えるにあたって，住民自らが課題を発見し助け合う仕組みづくりが目的とされている。そのため，「市町村地域福祉計画」を作成するには住民の参加不可欠である。なお，「市町村地域福祉計画」には3つの盛り込むべき内容が，社会福祉法に規定されている。

　まず，「市町村地域福祉計画」では，
　　① 地域における福祉サービスの適切な利用の推進の事項
　　② 地域における社会福祉を目的とする事業の健全な発達の事項
　　③ 地域福祉に関する活動への住民参加の促進の事項

第5－2表　都道府県地域福祉支援計画の策定状況について

平成24年度末までに策定終了	平成25年度以降に策定予定	策定済みと策定予定の合計	策定未定	計
41	1	42	5	47
87.2%	2.1%	89.3%	10.6%	100.0%

出典）厚労省「市町村地域福祉計画及び都道府県地域福祉支援計画の策定状況等について」平成25年12月厚労省より。

この3項目が定められている。なお，市町村は，計画を策定もしくは変更するときは，あらかじめ，住民，社会福祉を目的とする事業を経営する者その他社会福祉に関する活動を行う者の意見を反映させ必要な措置を講ずるとともに，その内容を公表しなければならない。

次に「都道府県地域福祉支援計画」は，
① 市町村の地域福祉の推進を支援するための基本的方針に関する事項
② 社会福祉を目的とする事業に従事する者の確保又は資質の向上に関する事項
③ 福祉サービスの適切な利用の推進及び社会福祉を目的とする事業の健全な発達のための基盤整備に関する事項

以上の3項目が定められている。

その他に，都道府県は計画の策定および変更するときは，あらかじめ，公聴会の開催等住民その他の者の意見を反映させるために必要な措置を講じ，その内容を公表することになっている。

4. 地域福祉活動計画

なお，社会福祉協議会が主体となって作成する「地域福祉活動計画」がある。地域住民や社会福祉を目的とする事業（福祉サービス）を経営するものが相互協力して，地域福祉の推進を目的とした民間の活動・行動計画である。ただし，すでに述べた2つの地域福祉関連の計画と異なり，社会福祉法に位置づけられた計画ではない。計画期間は5年を目安として策定しているケースが多い。

5. 老人福祉計画と介護保険事業計画

都道府県と市町村は，3年間を一期として，高齢者施策の基本計画となる「老人福祉計画」と「介護保険事業計画」を，老人福祉法及び介護保険法に基づいて策定しなければならない。これは地域福祉計画と異なり必ず策定する必要がある。いわば高齢者福祉・介護サービスの基本となるもので，きわめて重要な計画である。

とくに，市町村老人福祉計画・介護保険事業計画は，介護保険料や介護施設

などのサービスの量を決める計画である。

6. 障害者福祉に関する計画

　2004年6月「障害者基本法」の改正により都道府県及び市町村における障害者計画の策定が，都道府県については改正法の公布の日から，市町村については2007年4月から義務化されている。

　そもそも障害者基本法では，国，都道府県，市町村のそれぞれに障害者施策の総合的かつ計画的な推進を図るため計画を策定することとなっており，具体的には「障害者基本計画（国）」「都道府県障害者計画」「市町村障害者計画」となっている。「国」「都道府県」「市町村」は，障害者施策の総合的かつ計画的な推進を図ることがめざされている。これは，障害者施策を効果的に進めるためである。計画には，障害者団体の代表，医療・教育・福祉等に従事する専門家，学識経験者等の各方面の幅の広い意見を反映させることになっている。

　いっぽう，障害者総合支援法に基づく「市町村障害福祉計画（障害者総合支援法88条）」「都道府県障害福祉計画（障害者総合支援法89条）」の2種類がある。この2つの障害者に関する福祉計画も，必ず策定しなければならないことになっている。

　当該地域の実態を勘案して作成することになっており，具体的な障害福祉サービス，相談支援体制及び地域生活支援事業の提供体制に関する計画である。しかも，住民の意見を反映させなければならないとされている。

7. 次世代育成支援行動計画

　2003年7月「次世代育成支援対策推進法」が制定され，国，地方公共団体，事業主，国民の責務として，次世代を担う子どもが健やかに生まれ育成される社会の形成を目的とした行動をとるべきことが明記された。

　そして，企業等と地方公共団体は国が定める「行動計画策定指針」に基づいて，次世代育成支援対策のための行動計画を策定することになった。具体的な行動計画の期間は，2005年度から2014年度までの10年間となっており，計画に際しては社会情勢を考慮し逐次見直すことになっている。

8. 子ども・子育て支援事業計画

　2012年8月「子ども・子育て関連三法（子ども・子育て支援法，認定こども園法の一部改正，子ども・子育て支援法及び認定こども園法の一部改正法の施行に伴う関係法律の整備等に関する法律）」が成立し，これらの法律に基づき，平成2015年4月から「子ども・子育て支援新制度」が施行されている。そして，国は，子ども・子育て支援のための施策を総合的に推進するための基本的な指針（基本指針）を策定することになった（子ども・子育て支援法第60条）。

　なお，子ども・子育て支援法第61条に基づいて，市町村は「市町村子ども・子育て支援事業計画」を策定することになっている。具体的には，市町村が子ども・子育て状況や各事業の利用状況・利用希望を把握し，5年を1期とする支援事業計画を策定し，それに基づき事業を実施することとなっている。なお，以下のような事項を計画に盛り込まなければならない。

〈必須事項〉

　○　区域の設定

　○　各年度における幼児期の学校教育・保育の量の見込み，実施しようとする幼児期の学校教育・保育の提供体制の確保の内容及びその実施時期（第2項第1号）

　○　地域子ども・子育て支援事業の量の見込み，実施しようとする地域子ども・子育て支援事業の提供体制の確保の内容及びその実施時期

　○　幼児期の学校教育・保育の一体的提供及び当該学校教育・保育の推進に関する体制の確保の内容

〈任意事項〉

　○　産後の休業及び育児休業後における特定教育・保育施設等の円滑な利用の確保

　○　子どもに関する専門的な知識及び技術を要する支援に関する都道府県が行う施策との連携

　○　労働者の職業生活と家庭生活との両立が図られるようにするために必要な雇用環境の整備に関する施策との連携

いっぽう，都道府県も，「都道府県子ども・子育て支援事業支援計画（子ども・子育て支援法第62条）」を策定することとなっており，子ども・子育て支援施策のうち，広域的な事業を行うとされている。5年ごとに計画を策定し，以下のような記事事項を計画に盛り込むことになっている。

〈必須事項〉
　　○　幼児期の学校教育・保育に係わる需要量の見込み，提供体制の確保の内容及びその実施時期
　　○　幼児期の学校教育・保育の一体的な提供を含む子ども・子育て支援の推進方策
　※幼児期の学校教育・保育，家庭における養育支援の充実方策を含む。
　　○　市町村が行う事業との連携が必要な社会的養護に係る事業，障害児の発達支援に着目した専門的な支援に係わる事業
　　○　人材の確保・資質向上

〈任意事項〉
　　○　市町村の業務に関する広域調整
　　○　特定施設・事業者に係わる情報の開示
　　○　職業生活と家庭生活との両立に関すること

（結城康博）

終 章　格差拡充下の処方箋

1　共働きが基軸となる社会

1. 子育てと介護の社会化

　繰り返しになるが，共働き社会が浸透したとはいえ，依然として子育ては母親に偏っている。もちろん，以前と比べて「子育ては母親」「介護は嫁や娘」といったように偏る傾向は是正されつつある。しかし，男性と比べるとその役割は女性のほうがいまだ高い。

　そのため，社会において女性の活用をめざすのであれば，いまだ女性に偏っている育児や介護の役割を社会で担っていくことは必然的となる。男性も育児や介護の責任を果たしていくことはいうまでもないが，男女共，離職したり非正規職員となることは，労働力の減退を招くことになり現実的ではない。

2. 子どもの貧困率が深刻

　少子化対策が重要と言われるが，厚生労働省「国民生活基礎調査」によれば，2012年「子どもの貧困率」が16.3%と過去最悪となっている。貧困率とは平均的な所得の半分を下回る世帯を意味し，18歳未満の子どものいる世帯割合をいう。子どもの6人に1人，300万人あまりが貧困状態ということになる。しかも，母子家庭などの「ひとり親世帯」の子どもでは，貧困率は54.6%，2人に1人が貧困状態だ。

　その意味では，さらに保育サービスを充実し女性が正規職員として働ける環境を整備していく必要がある。そして，併せて夫婦どちらでも子供が熱を出せば（母子家庭であれば母親が），直ぐに職場を早退し保育園に迎えにいける雇用環境にしていかなければならない。

3. 子育てしやすい労働環境

　さて，夫が育児や介護に協力的となることを前提とした上でもなお，社会的に育児や介護の充実を図らなければ完全な女性の社会進出は果たせない。これが日本の現状だ。そうなると，女性の社会進出を保障する国家は，必然的に「高

福祉国家」をめざすことになる。

　数年前筆者は，福祉国家の代表ともいえるスウェーデンを一週間程度視察したことがある。そこで受けた筆者の印象は，この国は，はじめから高福祉高負担がめざされたのではない，というものだった。労働力不足によって共働き社会を実現しなければならず，そのため育児・介護のサービスが社会化されていく。その結果，福祉国家となっていった，と言ったほうが，スウェーデンに関しては正しいのではないだろうか。かりに，日本も完全な男女共同参画社会化を成し遂げようとするならば，必然的に高福祉高負担の福祉国家をめざさざるを得ない。

　2014年現在，女性が第一子をもうける平均年齢は30.6歳，第二子となると32.4歳となっている。また，女性が子供を産む年齢別割合をみると，35歳以上が27.6％を占めている。この数字がなにを意味しているか。このまま「晩産化」傾向が加速化していけば，18歳〜22歳の，多くは大学生の子を持つ親世代は50歳を超えるのが当たり前となる，ということなのだ。

　なお，18歳人口に占める大学，短大，高専，専門学校などの高等教育機関への進学率は，2013年調査では，80％となっている。親の子育てに関する不安としても「大学等の教育費」との回答が68.9％を占め，就学前教育費等34.8％，小中高の学校教育費31.5％を大きく引き離している。

　いっぽう，50歳を超えると，自分の親世代も70歳を超え，「介護」リスクが間近に迫る。実際，70歳〜74歳において介護が必要となる要介護率は6.3％を占めるが，75歳〜79歳となると13.7％と倍以上となる。しかも，さらに年齢を重ねる度に，その割合が高くなっていく。

　つまり，「晩産化」は，必然的に自分の親の介護と，子供の教育費問題が同時にふりかかる層を増やすことになる。筆者は，彼（女）らを「ダブルケア」という，二重の負担を抱えた「介護・子育て族」と呼びたい。

2　高齢者関連費用の削減は間違い

　しかし，日本の財政事情が厳しい状況から，一部には，日本の社会保障給付

費約116.8兆円のうち高齢者関連費が約7割を占めていることに注目して，その割合を見直して少子化対策をはじめとする子育て支援に費用を回すべきではないかとの議論が根強くある。いわば「高齢者には，少し，我慢をしてもらって，未来のある子供に限られた財源をまわそう」というものである。

しかし，高齢者関連費用を削減して少子化対策費に振り替えれば，言うまでもなく介護関連サービスが削られてしまい，結果的に50歳以上の「介護・子育て族」が直に介護に携わるか，もしくは有料老人ホーム等の利用を視野に入れながら，親への仕送りを強化しなければならなくなる。

そうなれば，孫世代である20歳前後の高等教育機関へ進学した人達にとっても，親の支援金が減額され，自らアルバイトなどを増やして家計を助けなければならなくなる。つまり，高齢者関連費から少子化対策費への振り替えは，避けなければならない。

たとえ，この先，社会保障給付費に占める高齢者関連費用の割合が高くなろうと，間接的に孫世代にも影響を及ぼしていくことから，少子化対策への財源確保は，別途，他から賄うべきである。

3　どう考える外国人労働者

1. 外国人技能実習生の問題

2014年6月24日に閣議決定された「日本再興戦略」では，これまでの外国人技能実習制度の拡充が盛り込まれ，建設，農業，漁協などの多くの業種でさらなる外国人技能実習生の活用が模索されている。とくに，2020年の東京オリンピックに向けて，建設関連の人材不足が予想される。この問題にたいしても，この制度の活用は有効と考えられている。また，深刻な人材不足である介護分野においても，活用が検討されている。

厚労省の資料によれば，2012年度に約15万人の技能実習生が日本で働いており，新規に約6.7万人が入国している。その意味では，研修という名目ながら日本の一部の労働市場は外国人に支えられているといえなくもない。その多くは各種工場や食品関係などの単純作業だ。

その意味では，名目上は「研修」制度とはいえ，日本国内の人材不足業種の穴埋めとして，外国人労働者を期間限定で受け入れているといっても過言ではない。

　少子化に歯止めがかからず労働人口減少が予測される中で，建設，農業，漁業，介護などの業種では，今後も人手不足が深刻化していくだろう。そのため，外国人労働者を技能実習生という名目で活用しようとするのは，ある程度理解できる。

　しかし，実はこの技能実習生制度は，多くの問題を抱えているのだ。JITCO（公益財団法人　国際研修協力機構）のデータによれば，毎年，多くの技能実習生が失踪しており，2012年４月～2013年３月の期間は，失踪者数は1,532人と前年度に比べ増加している。国籍別にみると，中国906人，ベトナム371人，インドネシア105人，タイ45人，フィリピン33人，その他の国が合計で72人となっている。

　日本語取得が不充分で職場での人間関係などにトラブルが生じ失踪してしまうケースが多い，という。または，送り出し側国の斡旋会社（仲介会社）に支払う非公式的な保証金を工面するための借金返済が難しく，在留資格期間が過ぎても長期間働きたいといった理由など，様々な要素が考えられる。一面的に捉えられない複雑な事情がそこにはある。しかも，最近では技能実習生が精神的にストレスに陥り，殺傷事件にまで発展した事例が世間を驚かせた。

2.　労働力不足は否めないが

　当然，一定の外国人労働者の協力なしには，今後の日本経済を維持・発展することは難しいかもしれない。しかし，失踪などが増えている半ば「人権軽視」ともいえる,現行の技能実習生制度を，さらに拡充していくことに，筆者は疑問を感じる。このまま実質的に低賃金で日本人が就きたがらない業種に外国人労働者を活用し続ければ，一種の階層化が生まれ，格差社会の拡充によって社会秩序が乱れて治安の不安定化を招きかねない。

　また，さらに他の単純業種にも外国人労働者の活用が拡充されたなら，結果的に一部の日本人の雇用の場を奪いかねない。

もし，外国人労働者に協力を得るならば。現在の「研修」という中途半端な仕組みではなく，人権が保障され日本語教育もしっかり整備されたシステム構築がめざされるべきだ。単純に安価な労働者を活用するという考えで外国労働者を受け入れることは慎重に考えていかなければならない。

3. 条件付きで移民政策の議論を

　昨今，政府も少子化対策を試みてはいるが，将来の労働力を改善させるほどの見込みは難しい状況だ。今後も外国人技能実習制度の活用が見込まれ，2017年度には人材難で深刻化している介護分野にも導入されることが検討されており，さらなる研修という名目で外国人労働者に依存していくかもしれない。

　しかし，繰り返すが，外国人技能実習制度の一部には，報道でも明らかにされているように「人権軽視」「賃金不払い」「外国人の住環境問題」など，多くの問題の存在がある。しかも，外国人技能実習生は，日本入国前に「手続き費用」「研修費用」などという名目で送り出し機関に支払う多額の費用を借金して来日している者も多く，いわば債務者として日本で働いているため，非常に弱い立場にあるのだ。

　そうであれば選択肢は2つしかない。1つは詳細な条件整備を検討して移民政策を本格的に実施するか，2つ目は労働力不足を日本社会が受け入れ，それなりの生活水準で日本人が覚悟を決めることである。筆者は後者の選択肢を望むが，そのような方向には日本社会は進まないであろう。

　だとすると，外国人技能実習制度といった曖昧な労働政策を継続するよりも，外国人労働者の人権や労働権を担保とした移民政策を，問題はあるにせよ本格的に議論しなければならない。日本社会特有の曖昧さは国際社会では通用しない。

4　福祉による経済刺激策

1. 福祉と乗数効果

　読者の方は，「乗数効果」という経済用語を耳にしたことがあるだろうか。

数年前，国会で財務大臣が認識不足の答弁を行い話題となった専門用語である。アベ政権の三本の矢の一つである公共事業への投資も乗数効果をねらっている。

しかし，昨今，公共事業による乗数効果はそれほど期待できずGDPを増やすどころか，かえって国債発行を増大させ金利上昇を招いてしまう。その結果，民間投資を減少させてしまい景気回復には効果がないと評されることもある。たしかに，過去の誤りを繰り返すだけかもしれない。

それならば，同じ財政出動をするのであれば，福祉部門へ集中的に投資して福祉サービスを充実させてはどうだろうか。いわゆる「福祉循環型社会システム」をめざし，サービスが充実することで福祉従事者の雇用は増大し，賃金も引き上げられる。これによって，内需経済を活性化させて景気回復につなげるのである。

2. 福祉系職種の増員は公共事業でもある

慢性的な介護士・看護師不足が深刻化している昨今，介護・医療現場では現状のサービス維持すら危ぶまれ，患者や要介護者の生活が不安定となっている。とくに，介護士不足は喫緊の課題となっており，新設された介護施設では介護士が集まらず開設が大幅に遅れる事態も生じている。平均年収280万円～300万円が大半である現行の介護士の賃金では，夜勤業務や生命を預かるきつい仕事内容に照らしてみると，低賃金化と言わざるを得ず，人材が集まらないのは当然，といえよう。

厚労省の資料によれば，平成24年度には，約153万人の介護士が従事しており，看護師・准看護師は約140万人であるから，計約300万人が医療・介護現場で働いていることになる。今後，超高齢化がますます進展することによって，これらの人材を確保し拡充していかなければ，安定した医療・介護サービスは維持できるはずはない。

しかも，公共事業は，今後，外国人技能実習制度の活用も勧められることから，支払われる賃金の一部は内需経済の活性化には結びつかず海外送金へとまわってしまう。いっぽう，医療や介護従事者に支払われる賃金は，ほぼ100％

日本国内で使途されるか貯蓄に回る。その意味でも，少なくとも賃金と個人消費の面から考えるなら，公共事業よりも，医療・介護分野に投資したほうが乗数効果は期待できる，といえよう。

しかも，新たな公共事業は，必要不可欠のインフラとはいえないのに対し，超高齢化社会化が明らかなのだから，親の介護という視点からも，医療・介護サービスは喫緊の課題である。医療や介護を「負担」から「内需刺激策」というように発想を転換することが，求められているのだ。

3. 地方創生の鍵は「福祉循環型社会」

かつて日本創生会議の増田レポートによって，「自治体消滅」「地方消滅」という議論がまき起こり，多くの人々が少子化における危機的状況を認識させられた。もっとも，これまでも「駅前シャッター街」「若者の大都市流出」「出生率の低下」などという言葉で，地方の衰退化は叫ばれてきてはいた。しかし，「地方消滅」という言葉の衝撃はそれだけ大きかったといえよう。

筆者は，財源が限られている現状の中で，地方の衰退化に歯止めをかける上でも，雇用の安定化を整備することが大事だと考える。この1点に集中すべきだ，と考えている。

具体的には，「福祉循環型社会」の構築と地方創生を絡めて，雇用創出という意味で，福祉関連従事者へ重点的に財を配分していくのである。たとえば，慢性的な人材不足である保育士，介護士の賃金面での待遇改善を図る施策が効果的だろう。実際，これら専門職の正規職員の平均年収は280万円前後であり，この年収だと，たとえ共働きであっても子供を大学に進学させることは難しい。

しかし，今後，少子化対策を具現化し，かつ高齢者対策を講じていくためには，これらマンパワーに関連する住民ニーズは，増えることは間違いない。つまり，平均年収を400万円に引き上げることで，保育士や介護士を中心に地方で安定した雇用先が生まれ，若者の大都市への流出を防止していけるのである。

そうなれば，共働きで平均年収800万円となり，地方では良質な雇用先として注目されていく。そして，子を産む世帯が増え，地域経済の活性化にもつな

がっていくであろう。1970年代，地方は工業団地誘致に前向きであったが，「福祉循環型社会」も類似した経済効果を期待できる。

しかし，2015年度予算に計上されている「まち・ひと・しごと創生関連事業」の約7,200億円は，省庁ごとに細かく計上され，地方創生に絡んでいるとはいえ，既存の事業に関連した新事業が多い。たとえば，消防団，非正規対策，環境対策，教育施策など，これまでの事業に地方創生といった看板を掲げ，付け替えた項目も多々ある。

たしかに，既存の事業の予算を拡充することで，多少の経済効果は期待できるであろう。けれども，約7,200億円の予算を細かく事業化してしまえば，これらの効果は，それぞれ限定されたものにならざるを得ない。

むしろ，選択と集中というコンセプトに基づき，中長期的な視点で，住民ニーズと乖離しない分野の雇用創出に限定すべきである。このような有効な財政出動によって，慢性的な福祉人材不足の解消につながり，副次的にも有効需要が生まれ，地方経済の活性化につながるはずだ，と筆者は考える。

5　再分配社会をめざすための財源

1. 消費税は引き上げられても

すでに消費税が5％から8％に引き上げられたことで，平成27年度約8兆円の消費税増収が達せられた。しかし，その大部分は赤字国債で賄われていた社会保障費分を代替するに過ぎず，サービス拡充や保険料の負担軽減といった「充実分」は，僅か1.35兆円しか割り充てられていない。たとえば，そのうち約0.5兆円が子育て支援策分であり，他に「医療」「介護」を考えると，各分野で使途できる財源は限られている。

そのため，介護分野においては2018年4月の実施に向けて，「自己負担2割負担層の拡充」「さらなる保険料の引き上げ」「介護サービスの抑制」などの，高齢者にとっては厳しい内容が，現在，国の審議会で議論されている。

かといって，昨今の経済情勢の不透明性からみると，2017年4月に実施予定されている10％引き上げさえも，確実とはいえない。殆ど其の可能性はない，

とさえいえる。

したがって，安定した社会保障充実のための財源確保には，消費税収以外を考えていくべきであろう。そこでこの際，子育て施策の「充実分」の財源を消費税で賄うこと自体が間違いであったことを政府は認識し，抜本的な政策転換を図ってはどうであろうか。

2. 厳しくなる社会保障費の抑制策

2015年6月30日に閣議決定された「経済財政運営と改革の基本方針2015」においても，毎年，1兆円ずつ増加する社会保障費の自然増分を，2018年までに年間最大5,000億円の伸びに圧縮する方針が打ち出されている。

しかし，子育て，介護，雇用対策，どの面をとっても，社会保障費の「充実」なくして日本社会は対処できないはずだ。もちろん，社会保障給付費の適正化が必要不可欠ではあるが，高齢者人口が増える現状から，どうしても「充実」は避けては通れない。もし，これら福祉資源の整備を財政的見地から抑制すれば，子育てや介護ニーズは深刻化し，娘や息子など第一線で働く者にしわ寄せが及んでくる。

今後，40〜50歳代は，少子化の影響もあって，さらなる共働き社会の促進，労働人口減少に伴う65歳までの雇用継続など，労働力維持の施策が求められるであろう。このまま社会保障費の抑制が持続すれば，序章でも述べたように生活設計に不安を抱き，「生涯未婚率」が増え，ますます少子化は進行してしまう（終章第1図）。

とくに，女性の管理職を増やす施策を打ち出すのであれば，「介護離職」の克服は避けては通れないはずだ。したがって，家族の介護力に頼ることはできず，在宅介護施策の充実と新介護施設の整備を中心とした社会保障の「充実」を図り，安定した労働力を維持する施策が，いまこそ求められる。

3. 高齢者における世代内の格差

それでは「充実」のための財源をどうするか。まずは「世代内扶養」の強化が考えられる。内閣府『平成27年版高齢社会白書（全体版）』では，高齢者65

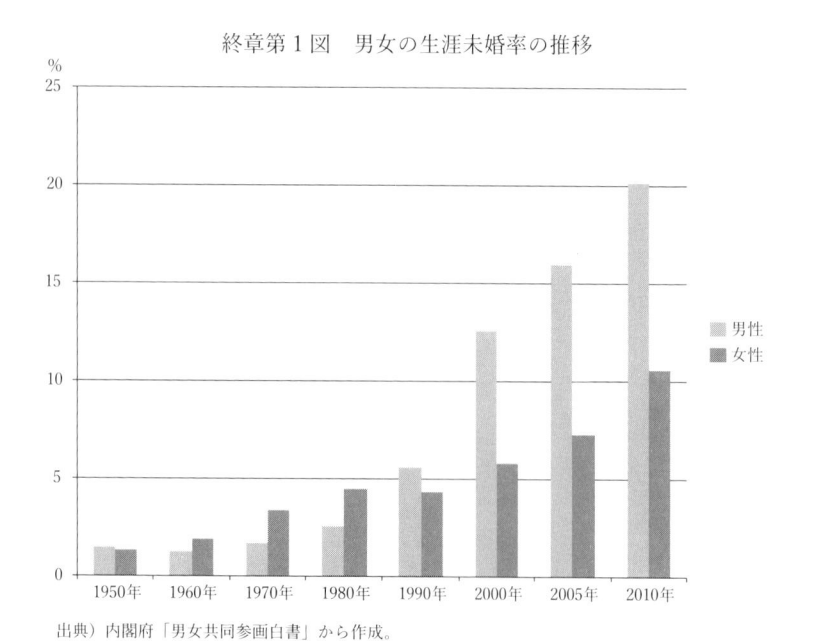

終章第1図　男女の生涯未婚率の推移

出典）内閣府「男女共同参画白書」から作成。

歳以上が世帯主で2人以上の平均貯蓄額は約2,377万円と，全体の2人以上世帯の平均貯蓄額は1,739万円なのに対し，約1.4倍となっている。当然，長い人生経験のある高齢者世帯のほうが貯蓄額は高くなる。

しかし，高齢者間の世代内でみると，高齢者65歳以上が世帯主で2人以上において4,000万円以上の貯蓄を有する世帯が17.6%を占めるものの，同じく2人以上世帯で300万円未満の貯蓄しかない世帯が13.1%を占めている。明らかに65歳以上の高齢者間において格差が生じている。これらは所得面である年金額においても同様である。国民年金のみの受給者の額は月平均5万円であるのにたいし，厚生年金や企業年金受給額は15万円〜25万円以上と，かなりの差がある。年齢階級別のジニ係数からも理解できるように，年をとるにつれ格差は拡充し（終章第2図），年齢別に再分配機能を強化する必要がある。

同世代を生きた人たちが世代内で「所得及び資産の再分配」の強化を図り，後の世代である子や孫らに負担を強いないシステムづくりは不可欠であろう。

終章第2図　年齢階級別ジニ係数

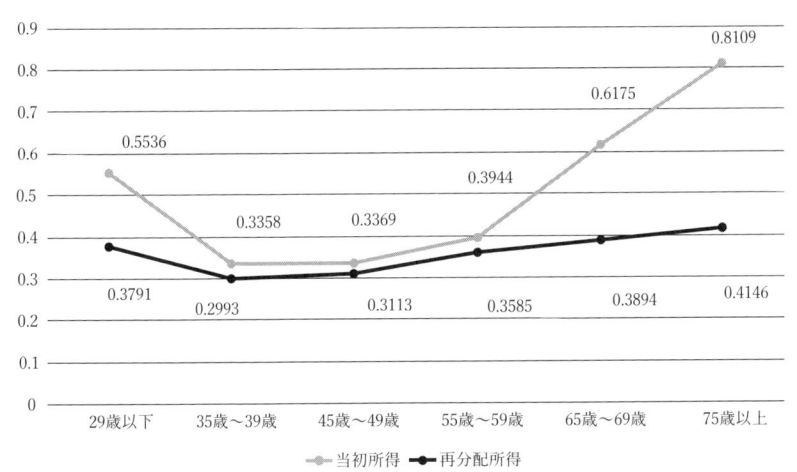

	29歳以下	35〜39歳	45〜49歳	55〜59歳	65〜69歳	75歳以上
当初所得	0.5536	0.3358	0.3369	0.3944	0.6175	0.8109
再分配所得	0.3791	0.2993	0.3113	0.3585	0.3894	0.4146

出典）厚労省「平成23年所得再分配調査報告書」30〜31頁2013年10月11日から作成。

　具体的には，2016年から実施されたマイナンバー制度と預貯金とを絡めた法改正を実施し，金融資産の透明化を図りながら，一定以上の所得及び金融資産の保有者に対しては，医療及び介護保険の一律3割自己負担を課すべきであろう。
　また，さらに相続税の増税を図り，現行の基礎控除3000万円を引下げ，かつ税率の引き上げも実施していくべきである。また，高額な年金受給者においては，それらの基礎年金部分の国庫負担分1人約3万円の年金受給額を停止する方策も考えらえる。
　このような世代内の再分配機能を強化する方策に対して，決まって富裕層の（タックス・ヘイヴンへの）海外移住という，いわゆるモラルハザードの議論が生じる。しかし，先に東京圏から地方移住においても課題が多く，まして海外に移住する富裕層は，ほんの一握りであろう。実際，筆者も年に数回海外出張するが，日本ほど利便性に富んだ国はないと考える。くわえて，医療や介護サービスの質や量は言うまでもない。

4. 保育施策は，雇用保険料の引き上げを財源に！

　なお，昨今の子育て施策に求められている最大のニーズはなんだろうか。言うまでもなく，非正規・正規を問わず労働者を中心とした「共働き世帯」の保育施策の充実である。このニーズは，むしろ雇用政策の側面が強いといえる。そこで筆者は，雇用保険料を財源としながら労働環境の安定化をはかる意味で，子育て施策の一部を労働者全体が保険料で負担をしていくのはどうか，と考えている。

　しかも，現在の労働者が負担している雇用保険料は，他の社会保険料と比べてかなり低い。ここ数年は失業率の低下に伴い，雇用保険における失業給付受給者が減少し積立金残高も約6兆円となっていることから，2016年4月1日から雇用保険料が引き下げられている。雇用保険はたしかに，まず第1には，失業というリスクに備えるものである。しかしこの際，「共働き世帯」の労働環境を整え，「離職防止」をする，という観点を雇用保険の大事な目的のひとつと考え直し，雇用保険料の一部を，子育て施策に活用してはどうだろうか。

　これらの新たな財源確保が可能となれば，消費税増収分の子育て施策「充実分」の約0.5兆円を，介護分野に振り分けることができ，深刻化している介護士不足の処遇改善などに消費税増収分を割り充てることができる。

　少子化超高齢化社会においては，社会保険と税制度の適切な組み合わせによって財源を確保し，国民が理解しやすい負担の在り方を構築しながら社会保障の「充実」を図ることが，緊急に求められているのではないだろうか。

5. 福祉は「社会投資」である

　これらの財源を用いて保育や介護部門へ集中的に投資して，サービスを「充実」させていく。そして，「福祉循環型社会システム」をめざし，サービスの「充実」に伴い介護従事者の雇用増大と賃金を引き上げることで，内需の活性化にもつなげていくのである。

　そして，昨今，小幅ながら増大し続ける公共事業費を削減し，その財源も介護分野に振り替えていくことで，さらなる財源確保も可能となる。たとえば，整備新幹線の費用において札幌や長崎までのインフラ整備は，たしかに必要で

はあるが，介護難民の危機に比べてまで，優先されるべきものではない。また，「乗数効果」という側面で考えても，すでにくりかえし述べたように，外国人技能実習制度の拡充で外国人労働者の活用が進む公共事業部門においては，これらの賃金の一部は海外の送金に回ってしまう。

　もちろん，「世代内扶養の強化」「公共事業費の振り替え」といった財源確保だけでは，高齢化が進展する現状から社会保障費の「充実」分を工面することはできず，さらなる消費税増税も不可避になるだろう。しかし，消費税増税は，社会保障費の「充実」のみといった使途に限定しさえすれば，国民の理解も得られやすくなる。なお，これらは全世代で負担する財源として位置づけられる。
　このように社会保障部門に財政出動されることで，介護産業などが活性化され国内の介護技術が向上していく。そして，将来，超高齢化が深刻化する中国や東南アジアにおいて，外需産業として介護分野を据えることができる。介護分野への公費投入を「社会の負担」と考えるのではなく，「介護離職に歯止めをかける」「介護士の賃金アップによる内需刺激策」「外需産業への成長戦略」といった「社会投資」と考えるべきであろう。

　以上，緊急の処方箋に関する筆者の考えを急ぎ足で述べた。事態は急を要する。各人が知恵を出し合い，緊急かつ効果的な手を打たなければならないのだ。また，利害関係も処方箋を遂行するには，壁となる。大幅な経済成長が見込めない時代では，社会保障分野に手厚くすれば，どこかの分野の財配分が手薄となる。その意味では，政治のリーダーシップが必要不可欠であろう。

（結城康博）

おわりに

2016年参議員選挙から18歳の若者が投票できる仕組みとなった。厚労省の人口動態総覧によれば，1998年生まれは120.3万人，1997年生まれは約119.1万人，1996年生まれは120.6万人，1995年生まれは118.7万人，1994年生まれは123.8万人となっている。しかし，第2次ベビーブームと呼ばれた「団塊ジュニア」世代（1971年から1974年生まれ）の出生数は200万人を超えていたため，明らかに少子化傾向が窺える。

　日本の社会保障制度の骨格は，現役世代が高齢者世代を支える仕組みとなっており，どうしても超高齢化少子化社会に適合しているとはいえない。このまま制度の仕組みが大きく変革されなければ，18歳～20歳層の20年後，30年後，40年後は，社会保障費の負担といった「呪縛」にとりつかれた人生になるといっても過言ではない。

　しかも，昨今の高等教育に進学する学生のうち貸与奨学金を利用している学生も多く，卒業後に200万円～500万円と借金を抱える新社会人は少なくない。親の就労状況の変化や大学全入時代と相まって，借金を抱えた新社会人が増えることは，社会全体の経済活力にも影響を及ぼすことになる。いわば膨大な借金を個人が背負うことで，日本の高学歴化は担保されてきたといえる。

　かといって高学歴とはいえ，必ずしも安定した雇用情勢とはいえず，若い世代の就職状況は厳しい現状だ。しかも，大手企業の経営不振によってリストラ，解雇などに見られるように就職後の不安定さも懸念される。

　その意味では，社会保障政策の「充実」と雇用情勢の安定が，人々の生活の安定にとって必要不可欠である。そして，若い世代が日本社会を担っていく意味で，彼（女）らにとって重荷にならない日本社会にしていく努力を，50代以降の世代は考えていかなければならない。

執筆者を代表して
結城康博

索 引

あ行

一時生活支援事業　52, 54
一般会計　117
一般財源　118
一部事務組合　125
医療　109
エンゼルプラン　136
応益負担　119
応能負担　119

か行

外国人技能実習生　147-48
介護保険事業計画　138
介護保険財政　114
介護保険法　31
介護離職　153
改正生活保護法　30
稼働能力　29
機関委任事務　127
規則　130
求職活動　30
求職者支援制度　25, 58
旧生活保護法　28
ケースワーカー　28
憲法25条　25
健康で文化的な最低生活保障　28
広域連合　115, 125
後期高齢者医療制度　115
高等技能訓練促進費　58
高齢者世帯　25
国債　118
国庫負担　50
国庫補助　50
　〜負担金　119
コーディネーター　36
子ども家庭支援センター　133

子ども・子育て支援事業計画　140-41
子どもの医療費無料化　113-14
子どもの学習支援事業　54
子どもの貧困　145
ゴールドプラン　136

さ行

財政　116
最低生活保障　27
再分配　152-57
サービス管理責任者　83
資産　29
次世代育成支援行動計画　139-40
市町村障害福祉計画　139
市町村地域福祉計画　137
自治事務　127
児童相談所　133
児童福祉法　28
児童扶養手当　56
児童扶養手当法　56
ジニ係数　154
社会的孤立　39
社会福祉協議会　50
社会保障給付費　109
住居確保給付金　50
就業支援専門員　57
就労意欲喚起事業　34, 38
就労活動促進費　38
就労訓練事業　52, 55
就労継続支援事業　69
就労支援　33-41
　高齢者への〜　58-62
就労支援喚起等支援事業　38
就労支援プログラム　35-38
就労準備支援事業　50, 54
就労自立給付金　38-39
就労定着支援体制加算　73

索　引　163

準備講習付き職業訓練　58
障害者基本法　139
障害者権利条約　86
障害者就業・生活支援センター　90
障害者自立支援法　31
障害者総合支援法　69
乗数効果　149
職業能力開発　58
ジョブコーチ　90
自立支援教育訓練給付金　58
自立支援プログラム　34-35
自立助長　32, 33
自立相談支援事業　50
申請保護の原則　31
身体障害者更生相談所　134
身体障害者手帳　134
身体障害者福祉法　28
生活困窮者自立支援法　45
生活保護　25, 31, 33-41
　〜の停止　32
　〜費　27
　〜要件　32
精神保健福祉法　31
世代内扶養　153
セーフティネット　25
相談支援専門員　83
措置制度　131

た行

地域福祉活動計画　138
地域包括支援センター　133
知的障害者更生相談所　134
知的障碍者福祉法　28
地方交付税交付金　118
地方創生　125, 151
地方分権　125
地方分権一括法　126
通達　131
通知　131
低所得世帯　27
DV　30
特定財源　118
特別養護老人ホーム　115
年越し派遣村　46
都道府県障害福祉計画　137

ドラッカー, P. F　98-101

な行

認可保育園　112
年金　31, 109

は行

売春防止法　135
ハローワーク　36, 37, 56-57, 90
晩産化　146
非正規労働者　25, 45
ひとり親家庭　55, 56
被保護者　34
　〜就労支援事業　39
就労支援事業　39
貧困の連鎖　19
福祉事務所　30
福祉六法　28, 129
婦人相談所　135
扶養　121
扶養義務　30
保育施策　156
法定雇用率　86
法定受託事務　125
法令　130
保健センター　133
保護の停止　32
保護の手引き　30
保護要件　33
母子及び寡婦福祉法　28
母子家庭等就業・自立支援センター　56
母子世帯　25
母子家庭　55
母子・父子自立支援員　57
母子自立支援プログラム　57
補足性の原理　28
ホームレス　62-65

ま行

民生費　112

や行

要綱　130
要保護世帯　29
予算　116
　　〜の流用　117

ら行

リーマンショック　25, 46
療育手帳　134
老人福祉計画　138
老人福祉法　28
労働者　45

わ行

ワーキングプア　45
ワンストップ　38

執筆者紹介

結城康博（ゆうき やすひろ）

1969年生まれ。淑徳大学社会福祉学部卒業。法政大学大学院修了（経済学修士，政治学博士）。1994～2006年，東京都北区，新宿区に勤務。この間，介護職，ケアマネジャー，地域包括支援センター職員として介護系の仕事に従事。社会福祉士，介護福祉士，ケアマネジャーの有資格。現在，淑徳大学総合福祉学部教授。元厚労省社会保障審議会介護保険部会委員。著書に『在宅介護──「自分で選ぶ」視点から』岩波新書，『孤独死のリアル』講談社新書など多数。

嘉山隆司（かやま たかし）

1952年生まれ。法政大学法学部卒業後，新宿区役所に勤務し，長年，福祉事務所で生活保護ケースワーカーとして，主にホームレスの相談・支援に従事。2013年3月定年退職後，地域の居場所づくりを目指して東京都中野区内に「カフェ・モガルテン」を開店し，現在マスターとして店を切り盛りしている。2013年度から2015年度まで，淑徳大学総合福祉学部で兼任講師を勤める。編著に『新・よくわかる福祉事務所の仕事』（ぎょうせい），『高齢者は暮らしていけない』（岩波書店）。

内藤　晃（ないとう あきら）

1959年生まれ。明治大学政治経済学部卒業。1983～1990年，千葉県公立高校教員，1991～行政書士を経て，1999年社会福祉法人光明会「明朗塾」開設とともに施設長就任。2004年から千葉県社会就労センター協議会会長。2009年10月「就職するなら明朗塾」施設長を退き法人常務理事（CEO）。2013年から全国セルプ協調査研究研修委員長。2016年から社会福祉法人開拓参事。セルプ士。米国自家用飛行操縦士。著書『施設長の資格！』『施設長の羅針盤（コンパス）』いずれも中央法規出版。メルマガ『施設長の資格』～障害者施設の舵取り指南。

これで福祉と就労支援がわかる
2016年8月25日　初版第一刷発行
2021年12月22日　初版第二刷発行

著者	結城康博・嘉山隆司・内藤　晃
発行者	早山隆邦
発行所	有限会社　書籍工房早山
	〒101-0025　東京都千代田区神田佐久間町2-3　秋葉原井上ビル602号
	電話　03(5835)0255
	FAX　03(5835)0256
印刷・製本	モリモト印刷株式会社

©Yuki Yasuhiro, Kayama Takashi, Naito Akira　2016　Printed in Japan［検印省略］
ISBN 978-4-904701-47-8 C0036
乱丁本・落丁本はお取替致します。定価はカバーに表示してあります。